漢字

학부모님들의 뜨거운 사랑,
최고의 학습지로 보답하겠습니다!

기탄학습지를 사랑해 주시는 전국의 유·초등학생, 그리고 학부모님 여러분!

그동안 기탄교육은 대한민국 모든 어린이들이 공평한 교육기회를 누릴 수 있도록, 저렴하면서도 최고의 학습효과를 거둘 수 있는 서점용 학습지를 개발·보급하여 왔습니다. 대표 브랜드 기탄수학을 비롯하여 기탄사고력수학, 기탄국어와 급수한자, 스텐퍼드영단어 등 기탄의 학습지들은 자녀교육에 관심이 높은 학부모님들께 꾸준한 인기를 얻었으며, 그 결과 기탄수학이 3년 연속 주요 일간지 학습지부문 히트상품에 선정되기도 했습니다. 또한 외국 교포, 외국에서 근무하는 외교관이나 상사주재원의 자녀, 이민이나 조기유학을 떠나는 학생들에게 기탄학습지는 꼭 챙겨야 하는 중요품목으로 자리잡게 되었습니다.

기탄교육은 이러한 성원에 힘입어 교재에 대한 다양한 요구를 수렴하고, 교육의 시대적 변화에 능동적으로 대처한 신개념 학습지 기탄한글과 기탄영어를 개발하여 전국의 학부모님들로부터 뜨거운 찬사를 받고 있습니다. 특히 세계 최초로 채택한 4 in 1 시스템 제본은 뛰어난 학습 효과는 물론이고, 고객중심의 사고로 우리나라 교육출판 역사에 한 획을 그은 획기적인 발상으로 평가받고 있습니다.

이번에 새로이 선보인 「기탄한자」 역시 어린이들과 학부모님의 기대에 부응하는 최고의 한자학습지라 자부합니다. 최근 한자능력검정시험에 응시하여 자격증을 따는 초등학생의 숫자가 기하급수적으로 증가하는 등 한자교육의 중요성이 높아지고 있습니다. 특히 어릴 때부터 한자를 익히면 중국어나 일본어를 습득하는데도 큰 도움이 될 뿐만 아니라 국어의 언어능력이 높아지고 학습효과가 증대된다는 많은 연구보고가 있습니다.

'곡식은 농부의 발자국 소리를 듣고 자란다' 는 말처럼 아이들 교육에서도 부모의 관심과 애정이 가장 큰 힘이요, 자양분입니다. 무조건 값비싼 사교육에 우리 아이들을 맡기기보다는 아이들 스스로 공부하는 힘을 길러줄 수 있도록 기초 교육만큼은 부모님께서 직접 챙겨 주십시오.
앞으로도 저희 기탄교육은 항상 연구하고 노력하는 자세로 부모와 자녀가 함께 공부할 수 있는 좋은 교재를 개발하기 위해 모든 노력을 경주하겠습니다.

기탄을 사랑하시는 전국의 모든 학부모님과 어린이 여러분께 진심으로 감사의 말씀을 드립니다.

(주) 기탄교육 임직원 일동

그림으로 익히고 놀이로 기억하는
〈입체 한자 학습프로그램〉

이미지 연상에 의한 그림 한자 학습

한자는 그림에서 출발한 문자입니다. 사물의 모양을 본떠서 점차 상징화된 표의문자(뜻글자)로 발전하여 오늘날 세계에서 가장 많은 수의 인구가 사용하는 문자가 되었습니다. 기탄한자는 아이들에게 한자를 그림의 일부로서 뜻을 기억하게 하고 사물의 모양에서 문자 요소를 각인하도록 하였습니다. 학습지업계 최초로 이미지 연상을 통한 그림 한자를 개발하여 아이들은 한자를 기호가 아닌 그림 덩어리로 받아들여 저절로 기억하게 됩니다.

자원변화 과정의 이해를 통한 원리 이해 학습

기탄한자는 무조건 쓰고 외우는 방식이 아니라 자원변화 과정의 이해를 통한 제자 원리를 이해하도록 합니다. 갑골문 – 금문 – 설문해자의 한자 변천 과정을 아이들의 눈으로 접해 보며 원리 이해에 의한 한자 학습을 진행합니다. 문자학계의 정설을 엄선하여 학문적으로 여러 번의 감수와 고증을 거친 한자 학습의 표본이 될 수 있는 한자 학습프로그램입니다.

학습 효과를 극대화하는 체계적인 학습 전개 방식

한 주의 학습 전개 방식은
복습 ➡ 도입 ➡ 전개 ➡ 활용 ➡ 정리 ➡ 상식 ➡ 놀이
학습의 순서로 전개됩니다.

복습 한 주 학습의 시작은 항상 지난 주에 학습했던 한자의 복습으로 출발합니다.

도입 재미있는 창작 동화를 통해 이번 주에 익힐 한자의 개념을 접하고 스티커 활동을 통해 흥미를 불러일으킵니다.

전개 각각 한자의 뜻과 소리와 모양 그리고 필순, 부수, 한자어 등을 익히게 됩니다.

활용 학습한 한자를 다양한 놀이 방법을 통하여 자연스럽게 좌뇌와 우뇌를 개발하는 이미지 학습법으로 한자 실력을 다져 나갑니다.

정리 앞서 익힌 3요소, 필순, 부수 등 한자의 가장 필수적인 내용을 마무리합니다.

상식 한자와 관련된 상식, 고사, 유래, 일화 등 여러 가지 흥미로운 이야기들을 엄마와 아이가 함께 읽어 나가면서 학습에 진정한 재미를 느낄 수 있습니다.

놀이 오리기, 접기, 만들기, 퍼즐 맞추기, 그림 그리기, 만화 등 아이의 오감을 이용할 수 있는 놀이 활동으로 한 주 학습을 마무리합니다.

아이들은 한자박사로,
엄마는 진정한 선생님으로 만들어 드립니다

아동의 좌우뇌 발달을 돕는 한자 학습

대뇌를 연구하는 학자들에 의하면 6세 이전에는 우뇌가 주로 발달하고 그 이후에는 좌뇌 발달이 이루어진다고 합니다. 우뇌는 이미지, 직관, 예술 등의 기능을 담당하고 좌뇌는 분석적, 논리적, 언어적인 역할을 담당합니다. 기탄한자만의 자랑인 그림 한자, 도트 연결 한자, 숨은 한자, 직관 한자 등 이미지 요소 학습을 통해 직관력과 통찰력을 키워 아이의 우뇌를 자극해 줍니다. 또, 뜻, 소리, 모양 분리하기, 규칙성 알기, 모눈한자 따라가기, 모양 추리하기, 한글·한자병기 학습은 아이의 좌뇌를 개발시켜 줍니다. 10세 미만의 아이라면 바로 기탄한자로 아이의 두뇌개발을 도와 주세요.

하나의 한자를 37회 연습하는 완전학습 프로그램

예를 들어 山(산/뫼 산)이라는 하나의 한자를 기탄한자 프로그램 내에서 총 37회의 학습 기회를 갖게 했습니다. 복습, 도입, 전개, 활용, 응용 등 다양한 학습의 장을 마련하여 아이들은 자신도 모르는 사이에 한자를 접하고 익히게 됩니다. 37회의 학습 기회는 한자를 완전학습으로 이끌어 주는 지름길이 됩니다.

다양한 놀잇감을 통한 입체적 놀이학습

기존의 주입식, 쓰기 일변도의 한자 학습법에서 벗어나 아이들의 오감을 자극하고 아이들이 학습의 주인공이 되는 부교재와 함께 학습합니다. 각 집(권)마다 한자 카드, 스티커는 물론, 한자어 카드와 모형 놀이, 창열기 놀이, 파노라마 놀이, 조각 한자 맞추기 놀이, 병풍 놀이, 브로마이드 등 패키지 학습물 수준의 놀잇감이 아이들의 학습을 재미로 이끌어 줍니다.

독립적인 복습호 운용과 학습 성취도 평가 시스템

4주마다 한 번씩 복습주를 편성하여 앞서 익힌 한자들을 기억하도록 구성하였습니다. 이미 학습한 한자를 시간의 흐름과 함께 잊어버리지 않도록 각 집(권)마다 1호씩 총복습의 기회를 갖게 합니다. 또, 복습호에서는 일정 기간 동안의 학습 성취도를 점검하는 형성평가를 구성하여 올바른 진도 진행을 도왔습니다. 엄마는 집(권)별 형성평가와 각 단계별 총괄평가를 통하여 우리 아이의 학습 상황을 점검하고 적절한 동기유발과 칭찬으로 진정한 엄마 선생님이 될 수 있습니다.

〈형성평가와 총괄평가〉

어렸을 때 배운 한자는 평생을 통해 활용됩니다
한자 학습의 중요성이 날로 높아지고 있습니다

● 한자 학습은 왜 필요할까요?

한자 학습은 이제 선택이 아닌 필수가 되었습니다. 우리의 언어생활에 반드시 필요한 영역이라는 인식과 함께 한자가 지닌 학문적 전이성, 시대적 필요성 등이 재해석 되고 있기 때문입니다.

첫째, 우리말의 70% 이상이 한자어로 이루어졌기 때문에 기본적인 언어 생활에 도움을 줍니다. 곧 우리말을 바르게 이해하고 올바른 국어 생활을 하기 위해서는 한자를 아는 것이 필수적입니다.

둘째, 국어, 수학, 사회, 역사, 외국어 등 다른 학과 공부에 많은 도움을 줍니다. 예를 들어 수학을 공부할 때 분자(分子), 분모(分母), 분수(分數) 등 한자를 알고 있는 아이라면 수학의 개념도 훨씬 더 쉽고 정확하게 이해할 수 있습니다. 이렇게 한자는 타과목의 도구 교과적인 성격을 갖고 있습니다.

셋째, 어휘력과 이해력의 신장으로 문장 의미 파악이 쉬워져 책을 가까이 하는 아이로 만들어 줍니다. 한자는 조어력(造語力)과 의미 함축성이 매우 뛰어난 문자입니다. 이러한 이유로 전문서적이나 학술 용어 등은 한자로 표현되어 있습니다. 많은 양의 독서 경험은 곧 아이의 생각하는 힘과 창의력을 길러 줍니다.

넷째, 한자나 한문에는 선인들의 지혜와 윤리관이 배어 있어 바람직한 가치관과 예의범절을 배울 수 있습니다. 고전, 명문 속에 담긴 효행, 우애, 경로 등 사상적인 유산을 통해 바람직한 가치관을 가질 수 있고 나아가 사람이 해야 할 도리, 어른을 공경하는 자세, 학문을 배우는 자세 등도 익힐 수 있습니다.

● 한자 학습의 추세는 어떤가요?

한자 사용을 사대주의적 발상, 중국의 문자 차용이라고 보는 종전의 시각에서 벗어나 이제는 우리 언어의 일부라는 인식이 확대되어 초등학생부터 성인까지 한자 학습 열풍이 불고 있습니다.

첫째, 한자능력검정시험의 자격증이 국가 공인 자격증으로 인정됨에 따라 유아~성인에 이르기까지 한자 학습 붐이 일고 있습니다.

둘째, 21세기의 주역으로 한자 문화권이 급부상함에 따라 중국어, 일본어의 기초로서 한자 학습의 열기가 높아지고 있습니다. 한자는 세계인구의 1/4이 사용하고 있는 국제 문자로서 앞으로 그 중요성은 날로 높아질 것입니다.

셋째, 2005년부터 대학 수학 능력 시험 외국어 영역에 한문 과목이 추가되고 중·고등학교의 시험 출제 유형에서 논술 유형 출제 비중이 높아짐에 따라 한자 학습의 조기 교육이 일반화되어 가고 있는 상황입니다.

넷째, 대부분의 초등학교에서 재량시간으로 한자 학습을 시행하고 있습니다. 70년대 이후 한자 교육을 전혀 받지 못했던 부모님들과는 달리 현재 대부분의 초등학생들이 한자를 배우고 있습니다.

다섯째, 각종 공문서, 도로 표지판 등에 한자를 병기하는 국가 정책과 경제계, 교육계 등 각계의 한자 학습 요구에 대한 발표로 한자 학습의 중요성은 더욱 높아지고 있는 상황입니다.

한자 학습은 아이의 두뇌를 개발해 줍니다
한자 학습의 체계! 기탄한자가 잡아 줍니다

● 한자 학습의 효과는 무엇인가요?

▶ 한자는 그림에서 시작된 문자로서 구체적 이미지 자체가 곧 문자가 되었습니다. 이러한 시각적 이미지를 통한 학습은 곧 아동의 우뇌를 자극해 줍니다.

▶ 한자는 하나의 기초 개념에서 새로운 개념을 창출해 나갑니다. 이러한 과정을 통하여 아동의 창의력, 어휘력을 길러 줍니다.

▶ 한자는 저마다의 뜻, 소리, 모양을 각기 지닌 문자입니다. 이렇게 저마다의 뜻과 소리, 모양을 분석하는 연습을 통해 아동의 좌뇌 발달을 돕습니다.

▶ 한자는 부수와 몸이라는 수많은 부속품들의 조합으로 이루어진 문자입니다. 이러한 부속품들의 분리와 합체 과정을 통해 아이의 좌뇌를 발달하게 하고 논리력, 분석력을 키워 줍니다.

▶ 한자가 갖는 문자학적 특징은 조어력, 의미 함축성, 의미 명시성이 있습니다. 이미 만들어진 한자와 한자를 결합하여 새로운 단어를 만드는 조어력, 의미를 함축적으로 표현할 수 있는 의미 함축성, 의미가 바로 드러나는 의미 명시성이 있습니다.

한자 학습의 연구가 활발히 이루어지는 일본에서는 한자 학습의 시기가 빠를수록 좋다고 합니다. 그것은 우뇌 발달 시기인 6세 이전에 표의문자를 더 쉽게 받아들일 수 있으며, 초등학교 1학년 때가 가장 높은 효과를 보인다는 주장입니다. 그러므로 어른들의 관점으로 한자가 유아들에게 어렵다는 편견은 버려야 하며 한글을 어느 정도 읽을 수 있는 시기라면 한자 학습의 적기라고 할 수 있습니다.

● 기탄한자는 어떻게 구성되었나요?

▶ 기탄한자는 그림과 놀이로 시작하는 기초 한자 과정에서부터 고전명저의 명문장까지 한자 학습의 체계를 세우는 프로그램입니다. 중학교 교육용 한자 900자의 범위에서 기초한자(낱자)과정 ➡ 조어(교과서 한자어)과정 ➡ 문장(고전)과정의 학습까지 한자 학습의 체계를 세우는 학습목표로 개발되었습니다.

▶ 기초한자(낱자)과정(A단계~D단계)에서는 한자를 처음 시작하는 유아에서 한자 학습의 경험이 없는 초등학교 2학년생을 대상으로 상형자, 지사자 등 쉬운 개념의 기초한자 168자를 익히게 됩니다.
시각 이미지를 통한 그림한자의 각인과 다양한 부교재를 통한 놀이 학습으로 재미있게 학습하는 특성을 지니고 있습니다. 또, 최고의 일러스트와 세련된 디자인으로 아동의 정서적 심미감을 기를 수 있는 프로그램입니다. 기존의 한자 교재와는 차별화된 학습 효과를 얻을 수 있습니다.

▶ 조어(교과서 한자어)과정(E단계~G단계)에서는 총 90여권의 초등학교 교과서에 쓰인 모든 한자어를 사용 빈도와 한자 난이도에 따라 분석한 방대한 양의 데이터베이스를 갖추어 156자의 학습 한자와 530여 한자어를 선정하였습니다.

신출 한자와 이미 학습한 기출 한자를 조합하여 새로운 어휘를 만들어 내는 무궁무진한 조어(造語)의 원리를 아이가 스스로 깨달아 이해력과 어휘력이 높은 아이로 자라나게 해줍니다. 또 단편적인 한자 암기 학습에서 벗어나 국어, 수학, 사회, 과학 영역의 다양한 예문 학습과 창작 동화, 인물, 시, 신문, 고전이야기 등의 학습으로 학교 수업에 자신감을 길러 주고 나아가 어휘력, 사고력 향상으로 논술의 기초 능력까지 배양해 줍니다.

구성내용

A·B단계 교재별 구성내용은 이렇습니다

◆ 기탄한자 **A단계** 호별 학습 내용 및 부교재

집	호		학습 한자	학습 한자어	부교재
1집	1	1a ~ 12a	山, 川, 日	강산, 등산/ 하川, 산川/ 日기, 日월	한자 모형 놀이 한자 카드 한자어 카드
	2	13a ~ 24a	月, 火, 水	반月, 月급/ 火산, 火재/ 水영장, 水요일	
	3	25a ~ 36a	木, 金, 土	木수, 식木일/ 金구, 황金/ 국土, 土지	
	4	37a ~ 48a	복습+놀이 학습	복습	
2집	5	49a ~ 60a	一, 二, 三	一등, 통一/ 二층, 二학년/ 三각형, 三총사	한자 창열기 놀이 한자 카드 한자어 카드
	6	61a ~ 72a	四, 五, 六	四방, 四계절/ 五선지, 五月/ 六학년, 六반	
	7	73a ~ 84a	七, 八, 九	북두七성, 七면조/ 八도강산, 八방미인/ 九관조, 九구단	
	8	85a ~ 96a	복습+놀이 학습	복습	
3집	9	97a ~ 108a	十, 百, 千	十자가, 十月/ 百점, 百화점/ 千자문, 千리마	한자 파노라마 놀이 한자 카드 한자어 카드
	10	109a ~ 120a	耳, 目, 口	耳목, 耳비인후과/ 제目, 면目/ 식口, 출입口	
	11	121a ~ 132a	人, 手, 足	人간, 人형/ 手술, 선手/ 足구, 수足	
	12	133a ~ 144a	복습+놀이 학습	복습	
4집	13	145a ~ 156a	田, 石, 玉	유田, 대田/ 石공, 石굴암/ 백玉, 玉동자	한자 브로마이드 한자 카드
	14	157a ~ 168a	力, 大, 小	인力거, 풍力/ 大학생, 大가족/ 小아과, 小인국	
	15	169a ~ 180a	上, 中, 下	上의, 上행선/ 中국, 中심/ 下교, 下인	
	16	181a ~ 192a	복습+총괄 평가+놀이 학습	복습	

◆ 기탄한자 **B단계** 호별 학습 내용 및 부교재

집	호		학습 한자	학습 한자어	부교재
1집	1	1a ~ 12a	犬, 牛, 羊	충犬, 애犬/ 牛유, 牛마차/ 羊모, 백羊	한자 모형 놀이 한자 카드 한자어 카드
	2	13a ~ 24a	父, 母, 子	父모, 父자/ 母녀, 학부母/ 子녀, 여子	
	3	25a ~ 36a	生, 心, 身	生일, 선生/ 心신, 안心/ 身체, 身장	
	4	37a ~ 48a	복습+놀이 학습	복습	
2집	5	49a ~ 60a	車, 士, 己	車도, 자전車/ 군士, 박士/ 자己, 극己	한자 창열기 놀이 한자 카드 한자어 카드
	6	61a ~ 72a	自, 工, 門	自동차, 自연/ 목工, 工장/ 대門, 창門	
	7	73a ~ 84a	刀, 王, 白	단刀, 은장刀/ 王자, 국王/ 白지, 흑白	
	8	85a ~ 96a	복습+놀이 학습	복습	
3집	9	97a ~ 108a	魚, 貝, 鳥	인魚, 魚항/ 貝물, 貝총/ 백鳥, 길鳥	한자 파노라마 놀이 한자 카드 한자어 카드
	10	109a ~ 120a	主, 册, 雨	主인, 主객/ 册상, 공册/ 雨산, 雨의	
	11	121a ~ 132a	風, 里, 竹	風차, 강風/ 里장, 里정표/ 竹림, 竹도	
	12	133a ~ 144a	복습+놀이 학습	복습	
4집	13	145a ~ 156a	草, 花, 馬	약草, 草가/ 무궁花, 花원/ 경馬장, 馬부	한자 브로마이드 한자 카드
	14	157a ~ 168a	男, 女, 夕	男녀, 미男/ 소女, 선女/ 夕양, 추夕	
	15	169a ~ 180a	舌, 齒, 面	작舌차, 舌음/ 齒과, 충齒/ 가面, 수面	
	16	181a ~ 192a	복습+총괄 평가+놀이 학습	복습	

C·D단계 교재별 구성내용은 이렇습니다

◆ 기탄한자 **C단계** 호별 학습 내용 및 부교재

집	호		학습 한자	학습 한자어	부교재
1집	1	1a ~ 12a	文, 化, 言, 才	文人, 文신/ 化석, 문化/ 言어, 言론/ 다才, 천才	한자 맞추기 놀이 한자 카드 한자어 카드
	2	13a ~ 24a	兄, 弟, 交, 友	兄제, 학부兄/ 의형弟, 弟자/ 交통, 외交/ 交友, 전友	
	3	25a ~ 36a	多, 少, 血, 肉	多정, 多少/ 少년, 노少/ 심血, 血육/ 肉식, 肉신	
	4	37a ~ 48a	복습+놀이 학습	복습	
2집	5	49a ~ 60a	出, 入, 內, 外	出구, 出생/ 入구, 출入/ 국內, 차內/ 外국, 內外	한자 병풍 놀이 한자 카드 한자어 카드
	6	61a ~ 72a	去, 來, 立, 坐	去래, 과去/ 來일, 미來/ 자立, 立동/ 정坐	
	7	73a ~ 84a	光, 明, 行, 步	光명, 풍光/ 문明, 明월/ 산行, 行진/ 步병, 步행	
	8	85a ~ 96a	복습+놀이 학습	복습	
3집	9	97a ~ 108a	天, 地, 江, 河	天사, 天국/ 천地, 地구/ 江산, 江촌/ 河천, 은河수	한자 주사위 놀이 한자 카드 한자어 카드
	10	109a ~ 120a	毛, 皮, 角, 蟲	毛피, 양毛/ 목角, 皮혁/ 녹角, 직角/ 초蟲, 해蟲	
	11	121a ~ 132a	古, 今, 衣, 食	古목, 古서/ 고今, 今일/ 우衣, 하衣/ 외食, 초食	
	12	133a ~ 144a	복습+놀이 학습	복습	
4집	13	145a ~ 156a	君, 臣, 兵, 卒	君주, 君신/ 臣하, 충臣/ 兵사, 兵력/ 卒병, 卒업	한자 브로마이드 한자 카드
	14	157a ~ 168a	方, 向, 左, 右	지方, 方향/ 풍向, 남向/ 左우, 左향左/ 右회전, 좌右명	
	15	169a ~ 180a	本, 末, 分, 合	근本, 本인/ 末일, 本末/ 分교, 分수/ 合창, 合심	
	16	181a ~ 192a	복습+총괄 평가+놀이 학습	복습	

◆ 기탄한자 **D단계** 호별 학습 내용 및 부교재

집	호		학습 한자	학습 한자어	부교재
1집	1	1a ~ 12a	靑, 赤, 音, 色	靑산, 靑년/ 赤색, 赤십자/ 音악, 音색/ 色지	한자 맞추기 놀이 한자 카드 한자어 카드
	2	13a ~ 24a	住, 所, 姓, 名	의식住, 住택/ 所감, 장所/ 姓명, 백姓/ 名작, 지名	
	3	25a ~ 36a	利, 用, 有, 無	利용, 예利/ 공用, 식用/ 有명, 소有/ 無인도, 無례	
	4	37a ~ 48a	복습+놀이 학습	복습	
2집	5	49a ~ 60a	公, 平, 意, 思	公공, 公무원/ 平화, 平야/ 意견, 동意/ 思고, 思상	한자 병풍 놀이 한자 카드 한자어 카드
	6	61a ~ 72a	老, 弱, 貧, 富	老인, 원老/ 弱세, 노弱/ 貧약, 貧혈/ 富귀, 富자	
	7	73a ~ 84a	正, 直, 忠, 孝	正직, 正답/ 直선, 直각/ 忠성, 忠언/ 孝도, 孝녀	
	8	85a ~ 96a	복습+놀이 학습	복습	
3집	9	97a ~ 108a	前, 後, 走, 止	역前, 오前/ 오後, 식後/ 활走로, 경走/ 止혈, 금止	한자 주사위 놀이 한자 카드 한자어 카드
	10	109a ~ 120a	法, 道, 完, 全	法률, 法원/ 道로, 道덕/ 完승, 完성/ 全국, 안全	
	11	121a ~ 132a	善, 惡, 長, 短	善악, 善행/ 惡마, 惡몽/ 長검, 사長/ 장短, 短명	
	12	133a ~ 144a	복습+놀이 학습	복습	
4집	13	145a ~ 156a	世, 界, 國, 家	世계, 출世/ 외界, 정界/ 國왕, 國어/ 家족, 작家	한자 브로마이드 한자 카드
	14	157a ~ 168a	東, 西, 見, 聞	東서남북, 東해/ 西구, 西부/ 발見, 見학/ 신聞, 풍聞	
	15	169a ~ 180a	南, 北, 兒, 童	南극, 南대문/ 北극, 北상/ 유兒, 兒동/ 목童, 童화	
	16	181a ~ 192a	복습+총괄 평가+놀이 학습	복습	

구성내용

E단계 교재별 구성내용은 이렇습니다

◆ 기탄교과서한자 E단계 호별 학습 내용 및 부교재

집	호		학습 한자	학습 한자어		심화 영역		부교재
1집	1	1a~16a	寸京品市	寸 : 四寸, 外三寸, 四寸間 品 : 食品, 用品, 作品	京 : 上京, 京畿道, 京仁線 市 : 市内, 市場, 市立	창작동화	소중한 지폐 한 장 1	한자 카드 쓰기보따리 형성평가
						고사성어	水魚之交	
						시	사랑스런 추억 – 윤동주	
	2	17a~32a	巨具各曲	巨 : 巨人, 巨大, 巨木 各 : 各各, 各自, 各國	具 : 家具, 道具, 用具 曲 : 作曲, 曲線, 行進曲	창작동화	소중한 지폐 한 장 2	
						고사성어	他山之石	
						시	봄 – 빅토르 위고	
	3	33a~48a	可由原因	可 : 可能, 可決, 不可能 原 : 原子力, 原因, 草原	由 : 自由, 由來, 理由 因 : 原因, 因果, 要因	창작동화	슬기로운 재판 1	
						고사성어	見物生心	
						시	절정 – 이육사	
	4	49a~64a	복습	복습		창작동화	슬기로운 재판 2	
						고사성어	漁夫之利	
						시	동방의 등불 – 타고르	
2집	5	65a~80a	同求失反	同 : 同生, 同行, 合同 失 : 失手, 失明, 失言	求 : 求心力, 要求, 求人 反 : 反面, 反省, 反共	창작동화	닭이 사람과 함께 살게 된 이유 1	한자 카드 쓰기보따리 형성평가
						고사성어	五十步百步	
						시	접동새 – 김소월	
	6	81a~96a	告共首民	告 : 忠告, 原告, 告白 首 : 自首, 首弟子, 首相	共 : 共同, 公共, 共生 民 : 市民, 國民, 民心	창작동화	닭이 사람과 함께 살게 된 이유 2	
						고사성어	登龍門	
						시	눈 내린 아침 – 이인로	
	7	97a~112a	元先年回	元 : 元日, 元金, 元來 年 : 少年, 靑年, 一年	先 : 先生, 先山, 先王 回 : 一回用品, 河回, 回轉	창작동화	쇠를 먹는 쥐 1	
						고사성어	馬耳東風	
						시	눈 오는 저녁 – 김소월	
	8	113a~128a	복습	복습		창작동화	쇠를 먹는 쥐 2	
						고사성어	白眉	
						시	만돌이 – 윤동주	
3집	9	129a~144a	不非未必	不 : 不足, 不公平, 不平 未 : 未安, 未來, 未完成	非 : 非行, 是非, 非常口 必 : 必要, 生必品, 不必要	창작동화	세 친구 1	한자 카드 쓰기보따리 형성평가
						고사성어	多多益善	
						시	삶이 그대를 속일지라도 – 푸슈킨	
	10	145a~160a	知加字幸	知 : 知人, 知己, 告知 字 : 文字, 數字, 十字	加 : 加入, 加味, 加工 幸 : 多幸, 不幸, 幸福	창작동화	세 친구 2	
						고사성어	聞一知十	
						시	집 – 김영랑	
	11	161a~176a	表形味香	表 : 表面, 表情, 表明 味 : 意味, 風味, 口味	形 : 人形, 三角形, 地形 香 : 香水, 香氣, 香	창작동화	꿀강아지 1	
						고사성어	知音	
						시	올벼 고개 숙이고 – 이현보	
	12	177a~192a	복습	복습		창작동화	꿀강아지 2	
						고사성어	竹馬故友	
						시	행복 – 한용운	
4집	13	193a~208a	星軍相和	星 : 行星, 天王星, 北斗七星 相 : 首相, 人相, 色相	軍 : 軍人, 國軍, 軍士 和 : 平和, 和音, 共和國	창작동화	흰 코끼리의 전설	한자 카드 쓰기보따리 형성평가
						고사성어	千里眼	
						시	나그네의 밤 노래 – 괴테	
	14	209a~224a	單別命祖	單 : 單元, 名單, 食單 命 : 生命, 人命, 命令	別 : 別名, 別世, 分別 祖 : 先祖, 祖上, 祖父母	창작동화	뱀이 기어 다니게 된 이유 1	
						고사성어	朝三暮四	
						시	말 없는 청산이오 – 성혼	
	15	225a~240a	居章異再	居 : 住居, 居室, 同居 異 : 異常, 異意, 大同小異	章 : 文章, 圖章, 樂章 再 : 再生, 再活用, 再三	창작동화	뱀이 기어 다니게 된 이유 2	
						고사성어	一擧兩得	
						시	〈사랑〉을 사랑하여요 – 한용운	
	16	241a~256a	복습	복습		창작동화	뱀이 기어 다니게 된 이유 3	
						고사성어	溫故知新	
						시	삶의 아침인사 – 애너 리티셔 바볼드	

F단계 교재별 구성내용은 이렇습니다

◆ 기탄교과서한자 F단계 호별 학습 내용 및 부교재

집	호	학습 한자	학습 한자어		심화 영역		부교재
1집	1	1a~16a	仁 仙 信 休	仁:仁川, 仁祖, 仁君 信:信用, 自信, 信念	仙:仙女, 水仙花, 仙人 休:公休日, 休火山, 休息	창작동화	달밤에 얻은 행운 1	한자 카드 쓰기보따리 형성평가
						고사성어	天高馬肥	
						전래동화	빨간부채 파란부채	
	2	17a~32a	安 宅 官 容	安:未安, 安心, 安全 官:法官, 官家, 外交官	宅:住宅, 自宅, 宅地 容:容恕, 內容, 美容	창작동화	달밤에 얻은 행운 2	
						고사성어	大器晚成	
						전래동화	사만년을 산 사람	
	3	33a~48a	海 洋 漁 洗	海:地中海, 東海, 海外 漁:漁夫, 漁村, 出漁	洋:東洋, 西洋, 海洋 洗:洗手, 洗車, 洗面	창작동화	백일홍이야기 1	
						고사성어	孟母三遷	
						전래동화	소금을 만드는 맷돌	
	4	49a~64a	복습	복습		창작동화	백일홍이야기 2	
						고사성어	蛇足	
						전래동화	우렁각시	
2집	5	65a~80a	他 位 俗 保	他:他人, 他地, 自他 俗:民俗, 風俗, 世俗	位:方位, 品位, 單位 保:保全, 安保, 保有	창작동화	꾀 많은 장님 1	한자 카드 쓰기보따리 형성평가
						고사성어	梁上君子	
						전래동화	꼭두각시와 목도령	
	6	81a~96a	守 室 客 定	守:守則, 保守, 守兵 客:主客, 客室, 客地	室:室內, 居室, 王室 定:一定, 決定, 安定	창작동화	꾀 많은 장님 2	
						고사성어	良藥苦於口	
						전래동화	잊으라 한 건 안 잊고	
	7	97a~112a	林 村 材 校	林:山林, 國有林, 竹林 材:木材, 石材, 人材	村:山村, 漁村, 民俗村 校:下校, 校長, 校門	창작동화	바보 영웅 이야기 1	
						고사성어	座右銘	
						전래동화	반쪽이	
	8	113a~128a	복습	복습		창작동화	바보 영웅 이야기 2	
						고사성어	矛盾	
						전래동화	고양이와 푸른 구슬	
3집	9	129a~144a	決 洞 注 流	決:決定, 決心, 可決 注:注文, 注意, 注目	洞:洞口, 洞長, 仁寺洞 流:上流, 交流, 流行	창작동화	괴물 잡은 이발사	한자 카드 쓰기보따리 형성평가
						고사성어	同床異夢	
						전래동화	임자가 따로 있는 요술 궤짝	
	10	145a~160a	便 作 使 代	便:便利, 便安, 大便 使:使用, 天使, 使臣	作:作心三日, 作用, 作品 代:古代, 代表, 代身	창작동화	수수께끼 하나	
						고사성어	結草報恩	
						전래동화	배나무골 이도령	
	11	161a~176a	念 志 感 想	念:信念, 記念, 一念 感:共感, 自信感, 所感	志:意志, 同志, 志士 想:回想, 思想, 感想	창작동화	행운을 찾아다니는 사나이 1	
						고사성어	井中之蛙	
						전래동화	하늘 나라 밭 구경	
	12	177a~192a	복습	복습		창작동화	행운을 찾아다니는 사나이 2	
						고사성어	近墨者黑	
						전래동화	솜뭉치 꼬리가 된 토끼	
4집	13	193a~208a	計 記 語 詩	計:時計, 合計, 生計 語:用語, 國語, 言語	記:日記, 記入, 記念 詩:童詩, 詩人, 三行詩	창작동화	그림자 없는 탑 1	한자 카드 쓰기보따리 형성평가
						고사성어	有備無患	
						전래동화	은혜 갚은 까치	
	14	209a~224a	情 性 進 造	情:人情, 友情, 心情 進:行進, 進出, 先進國	性:性品, 性情, 女性 造:造成, 造形, 人造	창작동화	그림자 없는 탑 2	
						고사성어	走馬看山	
						전래동화	두 개가 된 금덩이	
	15	225a~240a	始 好 雲 雪	始:始作, 元始, 始祖 雲:星雲, 白雲, 靑雲	好:同好人, 好意, 好感 雪:白雪, 雪景, 雪山	창작동화	그림자 없는 탑 3	
						고사성어	螢雪之功	
						전래동화	구렁이 신랑	
	16	241a~256a	복습	복습		창작동화	그림자 없는 탑 4	
						고사성어	苦盡甘來	
						전래동화	바리공주	

구성내용

G단계 교재별 구성내용은 이렇습니다

◆ 기탄교과서한자 G단계 호별 학습 내용 및 부교재

집	호		학습 한자	학습 한자어	심화 영역		부교재
1집	1	1a~16a	果實夫婦美	果 : 成果, 果實, 靑果, 無花果　實 : 行實, 實力, 實生活, 口實　夫 : 工夫, 夫子, 夫人, 漁夫　婦 : 主婦, 夫婦, 婦人, 婦女子　美 : 美化員, 美國人, 美人, 美化	인물	마크 트웨인	한자 카드 쓰기보따리 형성평가
					창작동화	소가 골라준 새 신랑 1	
					고사성어	改過遷善	
					기사문	돈 더 버는 아내 집안일 더 한다	
	2	17a~32a	重要活動得	重 : 重要, 所重, 貴重, 重大　要 : 必要, 主要, 要求, 要所　活 : 活用, 生活, 活字, 活力　動 : 活動, 行動, 動力, 動作　得 : 所得, 利得, 得失	인물	어네스트 톰슨 시튼	
					창작동화	소가 골라준 새 신랑 2	
					고사성어	錦衣還鄕	
					기사문	컬러식품 좋아좋아	
	3	33a~48a	夜景成功者	夜 : 夜食, 白夜, 夜光, 夜行　景 : 風景, 光景, 山景, 雪景　成 : 成長, 作成, 合成, 完成　功 : 成功, 功臣, 年功, 功力　者 : 記者, 富者, 步行者, 老弱者	인물	에디슨	
					창작동화	소가 골라준 새 신랑 3	
					고사성어	管鮑之交	
					기사문	日 간사이 5색 체험관광	
	4	49a~64a	복습	복습	인물	퀴리부인	
					창작동화	소가 골라준 새 신랑 4	
					고사성어	刻舟求劍	
					기사문	재교육기관 노크 해보자	
2집	5	65a~80a	時間空氣集	時 : 日時, 時代, 同時, 時計　間 : 人間, 山間, 時間, 中間　空 : 空中, 空間, 空冊, 空想　氣 : 空氣, 香氣, 日氣, 大氣　集 : 文集, 集中, 詩集, 集合	인물	장영실	한자 카드 쓰기보따리 형성평가
					창작동화	거짓말 시합 1	
					고사성어	刮目相對	
					기사문	귀성길 차 안에서 게임 한판	
	6	81a~96a	現在協商事	現 : 表現, 現金, 現地, 出現　在 : 現在, 所在, 在京, 在來　協 : 協同, 協力, 協心, 協定　商 : 商人, 商品, 商去來, 協商　事 : 人事, 行事, 工事, 記事	인물	록펠러	
					창작동화	거짓말 시합 2	
					고사성어	吳越同舟	
					기사문	폴크스바겐 노·사 대협상	
	7	97a~112a	社會技能部	社 : 社長, 會社, 社交, 入社　會 : 大會, 社會, 面會, 立會　技 : 長技, 技法, 技術, 技能　能 : 技能, 能力, 可能, 才能　部 : 部分, 一部分, 外部, 一部	인물	콜럼버스	
					창작동화	말 잘 듣는 효자 1	
					고사성어	羊頭狗肉	
					기사문	국가중대사 국민합의가 필요	
	8	113a~128a	복습	복습	인물	앙리 뒤낭	
					창작동화	말 잘 듣는 효자 2	
					고사성어	完璧	
					기사문	시동 걸면 주행정보 쫙~	
3집	9	129a~144a	問答登場省	問 : 問安, 問題, 反問　答 : 問答, 答信, 正答, 回答　登 : 登山, 登校, 登用　場 : 市場, 工場, 入場, 場面　省 : 反省, 自省, 省墓	인물	리스트	한자 카드 쓰기보따리 형성평가
					창작동화	냄새 맡은 값 1	
					고사성어	指鹿爲馬	
					기사문	침체의 잠에 취한 라인강의 기적	
	10	145a~160a	春夏秋冬溫	春 : 春川, 春香, 立春, 靑春　夏 : 立夏, 春夏, 夏至　秋 : 秋夕, 秋風, 春秋　冬 : 冬至, 立冬, 春夏秋冬　溫 : 氣溫, 溫室, 溫水	인물	김홍도	
					창작동화	냄새 맡은 값 2	
					고사성어	塞翁之馬	
					기사문	스키장 잘 넘어져야 안 다친다	
	11	161a~176a	貴愛病死敬	貴 : 貴重, 高貴, 富貴, 貴人　愛 : 友愛, 愛國, 愛人, 愛犬　病 : 問病, 白血病, 病室, 病名　死 : 生死, 死亡者, 不死身, 病死　敬 : 恭敬, 敬老, 敬老席, 敬語	인물	안중근	
					창작동화	아버지의 유서 1	
					고사성어	難兄難弟	
					기사문	은행나무 천국 부석사 가는길	
	12	177a~192a	복습	복습	인물	황희	
					창작동화	아버지의 유서 2	
					고사성어	四面楚歌	
					기사문	서울과 워싱턴 마음을 열 때다	
4집	13	193a~208a	物件發電書	物 : 古物, 文物, 人物　件 : 物件, 事件, 用件　發 : 發生, 出發, 發明, 發見　電 : 電力, 電子, 電車, 電氣　書 : 文書, 古書, 書名	인물	벤자민 프랭클린	한자 카드 쓰기보따리 형성평가
					창작동화	선행과 쾌락 1	
					고사성어	三顧草廬	
					기사문	대한민국은 배달천국	
	14	209a~224a	高低苦樂朝	高 : 高音, 高溫, 高貴, 高見　低 : 低溫, 低下, 低利, 低學年　苦 : 苦生, 苦心, 苦行　樂 : 音樂, 安樂, 樂山　朝 : 王朝, 朝夕, 朝會	인물	루소	
					창작동화	선행과 쾌락 2	
					고사성어	脣亡齒寒	
					기사문	중소기업 그곳에도 길이 있다	
	15	225a~240a	眞理學習賞	眞 : 眞情, 眞空, 眞心　理 : 心理, 原理, 眞理, 一理　學 : 學年, 學生, 入學, 見學　習 : 學習, 風習, 自習　賞 : 賞品, 孝行賞, 大賞, 賞金	인물	전봉준	
					창작동화	아가씨와 우유 1	
					고사성어	守株待兎	
					기사문	들리지! 눈 쌓은 숲 생명의 소리	
	16	241a~256a	복습	복습	인물	뢴트겐	
					창작동화	아가씨와 우유 2	
					고사성어	臥薪嘗膽	
					기사문	물건값 계산 … 약도 그리기 …	

학부모 여러분, 〈기탄한자〉는 이렇게 지도해 주세요

1. 학습자의 능력보다 낮은 단계에서 시작하세요.

기탄한자 A~G단계는 기초 한자부터 초등학교 교과서에 쓰인 한자어를 학습하는 프로그램입니다. 한글을 아는 유아에서부터 한자 학습의 경험이 있는 초등학교 6학년 학생을 대상으로 개발되었습니다. 그러나 한자 학습의 경험이 있는 아이라도, 학습자의 경험이나 능력보다 낮은 단계에서 시작하는 것이 바람직합니다. 특히 각 단계의 1집부터 순차적으로 학습해 나가는 것은 매우 중요합니다. 간혹 학부모님의 판단에 따라 단계의 생략은 가능하지만 2, 3집부터 시작하는 것은 옳지 않은 진도 진행입니다. 아이가 학습에 부담을 느끼지 않고 한자 공부는 쉽고 재미있다는 느낌을 가질 수 있도록 A단계 1집에서부터 시작하는 것이 가장 이상적인 출발점입니다.

2. 복습호는 반드시 부모님이 함께 해 주세요.

각 집(권)마다 앞서 배운 한자의 복습호가 구성되어 있습니다. 복습호에서는 항상 형성평가를 실시하여 학습 수용도를 점검합니다. 이 때 부모님이 반드시 채점을 해 주시고, 결과에 따라 적절한 칭찬과 동기유발이 필요합니다. 또 복습주마다 구성된 놀잇감(A~D단계)으로 아이와 함께 놀아 주세요.

3. 교재 구입 즉시 분책하여 사용하세요.

〈기탄한자〉는 구입 즉시 분책하여 사용할 수 있도록 매주 학습할 분량이 별도의 책으로 특수제본(4in1시스템)되어 있습니다. 보통 책은 1번 제본하는 것으로 끝나지만 〈기탄한자〉는 무려 5번의 제본 과정을 거쳐 제작되었습니다. 각 호가 끝날 때마다 새 책으로 공부하게 되므로 아이에게 성취감과 기대감을 갖게 하고 학습 효과도 극대화시켜 줍니다.

4. 매일 일정한 시간에 규칙적으로 학습하게 하세요.

하루 5~10분을 학습하더라도 규칙적으로 학습하는 것이 중요합니다. 1호 분량이 1주일(5일) 학습 분량이므로 한번에 억지로 하지 않게 하고, 반대로 너무 많은 양을 한꺼번에 하는 것도 좋지 않습니다. 어렸을 때부터 조금씩 매일매일 공부하는 습관을 길러 주도록 합니다.

5. 부모님이 직접 지도해 주세요.

〈기탄한자〉는 교사 방문 학습지와는 달리 아이 스스로 공부하고 부모님이 체크하는 자율적인 학습 모델을 채택하고 있습니다. 따라서 타 학습지 회사에서는 지도교사에게만 제공하는 지도 지침을 해당 호에 상세히 실었습니다. 각 호의 첫 장에 실린 '이렇게 도와주세요', '이번 주 학습포인트'에서는 한 주 동안의 지도 요점이 기재되어 있고, 각 페이지의 하단에도 지도 요점, 주의 사항 등을 기재하였습니다. 학부모님들이 〈기탄한자〉의 기획의도, 학습목표, 지도방법 등을 쉽게 이해하고 아이들에게 가르치기 편하도록 최대한 배려하였습니다.

6. 이미 익힌 한자는 아이가 실생활 속에서 활용하게 하세요.

아이가 이미 익힌 한자는 실생활 속에서 최대한 많은 사용 기회를 갖게 해 줍니다. 알았던 한자도 오랫동안 사용하지 않으면 잊혀지게 됩니다. 학습된 한자를 신문, 책, 대중매체, 인쇄물 등을 활용하여 확인하게 하고 글을 쓸 때 알고 있는 한자로 표현해 볼 기회를 자주 갖도록 합니다.

단계별 학습 한자와 한자능력검정시험 급수 배정 안내

단계	학습 한자	급수 응시 가이드
A단계	• 8급 : 山, 日, 月, 火, 水, 木, 金, 土, 一, 二, 三, 四, 五, 六, 七, 八, 九, 十, 人, 大, 小, 中 • 7급 : 川, 百, 千, 口, 手, 足, 力, 上, 下 • 6급·6급II : 目, 石　• 5급 : 耳　• 4급II : 田, 玉	A단계에서는 상형자, 지사자 중심의 기초한자 36자를 익혔습니다. 이는 한자능력검정시험 배정한자 중 **8급, 7급 배정한자 31자**와 **상위급수 한자 5자**가 포함됩니다. 학습자의 학년, 나이, 학습수용도에 따라 **8급, 7급** 이내에서 응시용 수험서(기탄급수한자 빨리따기)로 준비한 후 자격증 취득에 도전해 보세요.
B단계	• 8급 : 父, 母, 生, 門, 王, 白, 女 • 7급 : 子, 心, 車, 自, 工, 主, 里, 草, 花, 男, 夕, 面 • 6급·6급II : 身, 風　• 5급 : 牛, 士, 己, 魚, 雨, 馬 • 4급II : 羊, 鳥, 竹, 齒　• 4급 : 犬, 册, 舌 • 3급II : 刀　• 3급 : 貝	B단계에서는 상형자, 지사자 중심의 기초한자 36자를 익혔습니다. 이는 A단계 학습 한자부터 누적하면 한자능력검정시험 배정한자 중 **8급, 7급 배정한자 50자**와 **상위급수 한자 22자**가 포함됩니다. 학습자의 학년, 나이, 학습수용도에 따라 **8급, 7급** 이내에서 응시용 수험서(기탄급수한자 빨리따기)로 준비한 후 자격증 취득에 도전해 보세요.
C단계	• 8급 : 兄, 弟, 外 • 7급 : 文, 少, 出, 入, 內, 來, 立, 天, 地, 江, 食, 方, 左, 右 • 6급·6급II : 言, 才, 交, 多, 光, 明, 行, 角, 古, 今, 衣, 向, 本, 分, 合 • 5급 : 化, 友, 去, 河, 臣, 兵, 卒, 末 • 4급II : 血, 肉, 步, 毛, 蟲　• 4급 : 君　• 3급II : 坐, 皮	C단계에서는 형성자, 회의자를 중심으로 48자의 기초한자를 익혔습니다. 이는 A단계 학습 한자부터 누적하면 한자능력검정시험 배정한자 중 **7급 배정한자 67자, 6급·6급II 배정한자 86자**와 **상위급수 한자 34자**를 익혔습니다. 학습자의 학년, 나이, 학습수용도에 따라 **7급, 6급·6급II** 이내에서 응시용 수험서(기탄급수한자 빨리따기)로 준비한 후 자격증 취득에 도전해 보세요.
D단계	• 8급 : 靑, 長, 國, 東, 西, 南, 北 • 7급 : 色, 住, 所, 姓, 名, 有, 平, 老, 正, 直, 孝, 前, 後, 道, 全, 世, 家 • 6급·6급II : 音, 利, 用, 公, 意, 弱, 短, 界, 聞, 童 • 5급 : 赤, 無, 思, 止, 法, 完, 善, 惡, 見, 兒 • 4급II : 貧, 富, 忠, 走	D단계에서는 형성자, 회의자를 중심으로 48자의 기초한자를 익혔습니다. 이는 A단계 학습 한자부터 누적하면 한자능력검정시험 배정한자 중 **7급 배정한자 91자, 6급·6급II 배정한자 120자**와 **상위급수 한자 48자**를 익혔습니다. 학습자의 학년, 나이, 학습수용도에 따라 **7급, 6급·6급II** 이내에서 응시용 수험서(기탄급수한자 빨리따기)로 준비한 후 자격증 취득에 도전해 보세요.
E단계	• 8급 : 寸, 民, 先, 年, 軍　• 7급 : 市, 同, 不, 字, 命, 祖 • 6급·6급II : 京, 各, 由, 失, 反, 共, 幸, 表, 形, 和, 別, 章 • 5급 : 品, 具, 曲, 可, 原, 因, 告, 首, 元, 必, 知, 加, 相, 再 • 4급II : 求, 回, 非, 未, 味, 香, 星, 單　• 4급 : 巨, 居, 異	E단계에서는 형성자, 회의자를 중심으로 48자의 필수한자를 익혔습니다. 이는 A단계 학습 한자부터 누적하면 한자능력검정시험 배정한자 중 **7급 배정한자 102자, 6급·6급II 배정한자 143자**와 **상위급수 한자 73자**를 익혔습니다. 학습자의 학년, 나이, 학습수용도에 따라 **6급·6급II, 5급** 이내에서 응시용 수험서(기탄급수한자 빨리따기)로 준비한 후 자격증 취득에 도전해 보세요.
F단계	• 8급 : 室, 校　• 7급 : 休, 安, 海, 林, 村, 洞, 便, 記, 語 • 6급·6급II : 信, 洋, 定, 注, 作, 使, 代, 感, 計, 始, 雪 • 5급 : 仙, 宅, 漁, 洗, 他, 位, 客, 材, 決, 流, 念, 情, 性, 雲 • 4급II : 官, 容, 俗, 保, 守, 志, 想, 詩, 進, 造, 好 • 4급 : 仁	F단계에서는 형성자, 회의자를 중심으로 48자의 필수한자를 익혔습니다. 이는 A단계 학습 한자부터 누적하면 한자능력검정시험 배정한자 중 **7급 배정한자 113자, 6급·6급II 배정한자 165자**와 **상위급수 한자 99자**를 익혔습니다. 학습자의 학년, 나이, 학습수용도에 따라 **6급·6급II, 5급** 이내에서 응시용 수험서(기탄급수한자 빨리따기)로 준비한 후 자격증 취득에 도전해 보세요.
G단계	• 8급 : 學 • 7급 : 夫, 重, 活, 動, 時, 間, 空, 氣, 事, 問, 答, 登, 場, 春, 夏, 秋, 冬, 物, 電 • 6급·6급II : 果, 美, 夜, 成, 功, 者, 集, 現, 在, 社, 會, 部, 省, 溫, 愛, 病, 死, 發, 書, 高, 苦, 樂, 朝, 理, 習 • 5급 : 實, 要, 景, 商, 技, 能, 貴, 敬, 件, 賞 • 4급II : 婦, 得, 協, 低, 眞	G단계에서는 형성자, 회의자를 중심으로 60자의 필수한자를 익혔습니다. 이는 A단계 학습 한자부터 누적하면 한자능력검정시험 배정한자 중 **7급 배정한자 133자, 6급·6급II 배정한자 210자**와 **상위급수 한자 114자**를 익혔습니다. 학습자의 학년, 나이, 학습수용도에 따라 **6급·6급II, 5급** 이내에서 응시용 수험서(기탄급수한자 빨리따기)로 준비한 후 자격증 취득에 도전해 보세요.

※ 이 표는 기탄한자 학습 후 한자능력검정시험 자격증 취득의 연계를 위한 지침입니다. 학습자의 학습경험이나 상태에 따라 개별적인 지침이 달라질 수 있습니다.

5호

기탄한자 D단계 2집 49a~60a

4 in 1 시스템

기탄한자는 학습효과를 극대화하기 위해 매주 학습할 분량이 별도의 책으로 특수제본되어 있습니다.

본 교재는 1권의 책 속에 1주일 학습할 분량의 교재 4권이 들어 있는 4 in 1 시스템으로 제본되어 있습니다. 따라서 4권의 책으로 분리되는 것이 정상적인 제본이며, 호별로 빼내어 학습하시면 아주 효과적입니다.

그림으로 익히고 놀이로 기억하는 입체 한자 학습 프로그램

기탄® 한자

D2집
5호
49a-60a

공부한 날   월   일 ~   월   일
(원)교   반
이름   전화

www.gitan.co.kr

기초 탄탄한 교육·기초 탄탄한 학습
기탄교육

 **D단계**에서 배울 한자입니다.

	D단계						
1집	靑,赤,音,色	2집	公,平,意,思	3집	前,後,走,止	4집	世,界,國,家
	住,所,姓,名		老,弱,貧,富		法,道,完,全		東,西,見,聞
	利,用,有,無		正,直,忠,孝		善,惡,長,短		南,北,兒,童
	복습		복습		복습		복습

※ 매주마다 학습한 한자를 누적하여 읽어 보세요.

학습 진단 관리표

	훈음 읽기	훈음 쓰기	한자 쓰기	한자어 읽기	이번 주는?			
금주평가	Ⓐ아주 잘함	Ⓐ아주 잘함	Ⓐ아주 잘함	Ⓐ아주 잘함	● 학습방법	❶매일매일	❷가끔	❸한꺼번에 하였습니다.
	Ⓑ잘함	Ⓑ잘함	Ⓑ잘함	Ⓑ잘함	● 학습태도	❶스스로 잘	❷시켜서 억지로 하였습니다.	
	Ⓒ보통	Ⓒ보통	Ⓒ보통	Ⓒ보통	● 학습흥미	❶재미있게	❷싫증내며 하였습니다.	
	Ⓓ노력해야 함	Ⓓ노력해야 함	Ⓓ노력해야 함	Ⓓ노력해야 함	● 교재내용	❶적합하다고	❷어렵다고	❸쉽다고 하였습니다.

지도 교사가 부모님께   부모님이 지도 교사께

종합평가	Ⓐ아주 잘함	Ⓑ잘함	Ⓒ보통	Ⓓ노력해야 함

D2집
49a-60a

이번 주에는 公 (공평할 공), 平 (평평할 평), 意 (뜻 의), 思 (생각 사)를 배워요.

이렇게 **도와** 주세요

1일차 49a~50b
- 지난 호에서 학습한 利, 用, 有, 無를 복습합니다.
- 동화를 읽고 公, 平, 意, 思의 뜻을 이야기해 봅니다.
- 한자 카드나 받아쓰기로 앞서 배운 한자를 복습합니다.

2일차 51a~52b
- 公, 平의 뜻, 소리, 자원, 필순, 한자어를 학습합니다.
- 公, 平이 들어가는 한자어를 실생활에서 찾아봅니다.

3일차 53a~54b
- 意, 思의 뜻, 소리, 자원, 필순, 한자어를 학습합니다.
- 意, 思는 心(마음 심)이 부수로 쓰여 사람의 뜻, 생각은 마음과 관련 있다는 점을 설명합니다.

4일차 55a~57b
- 훈음을 쉽게 익혔다면 받아쓰기를 통해 완전 학습을 도와 줍니다.
- 57a에서는 앞에서 배운 한자를 써서 한자어를 만들어 봅니다.
  (예: 주인공 ➜ 主人公, 평면 ➜ 平面)

5일차 58a~60a
- 풀어보기를 통해 이번 주 학습 한자를 확인합니다.
- 한자 보따리를 읽고 한자의 서체 변화를 접해 봅니다.
- 재미로 읽기를 통해 흥미롭게 한 주 학습을 마무리합니다.

 다시 보기

한자를 따라 쓰고 빈 칸에 뜻과 소리를 쓰세요.

利　　用

뜻:　　소리:

뜻:　　소리:

有

뜻:　　소리:

無

뜻: 없을　소리: 무

✏️ 빈 칸에 알맞은 한자를 쓰세요.

利 火 用 言 無 有

• 지난 주에 배운 한자를 기억하고 있는지 복습합니다.

동화를 읽고 같은 모양의 한자를 찾아 스티커를 붙이세요.

호박과 도토리

어느 날 불평 많은 농부가 밭에 나갔어요.

농부는 가느다란 줄기에 큰 호박이 열린 것을 보았어요.

"이런 조그만 가지에 이렇게 큰 호박이 열리다니…….공평(公) 하지 않아.

그리고 이 큰 참나무에 조그만 도토리가 열리는 것도 이상해.

내가 하느님이라면 저 큰 참나무에 호박이 열리도록 하겠어."

농부는 이렇게 투덜거리며 집으로 돌아갔어요.

다음 날 농부는 또 밭에 나갔어요.

농부는 일을 하다가 참나무 그늘 밑 평평한(平) 바닥에서 낮잠을 잤어요.

• 동화를 읽고 公, 平이 어떤 뜻으로 쓰였는지 알아봅니다.

한참을 자고 있는데 갑자기 도토리 한 개가 농부의 코에 뚝 떨어졌어요.

농부는 깜짝 놀라 코를 어루만지며 말했어요.

"아이쿠 코야, 이 놈의 도토리 때문에 잠도 못 자고, 코도 아프네."

이렇게 불평을 늘어놓다가 어제 일이 생각났어요.

'도토리였으니까 이 정도지. 만일 저 큰 호박이 코에 떨어졌다면……. 아이쿠, 끔찍해라!'

농부는 어제 자신의 생각(思)이 잘못되었음을 깨달았어요.

그 후로 농부는 모든 일에 감사하는 마음으로 살아야겠다는 뜻(意)을 품었습니다.

● 동화를 읽고 意, 思가 어떤 뜻으로 쓰였는지 알아봅니다.

公 알아보기

🔊 빈 곳에 알맞은 스티커를 붙이고 한자의 뜻과 소리를 읽어 보세요.

뜻: 공평할   소리: 공

📓 公이 만들어진 유래를 알아보고 한자 스티커를 붙이세요.

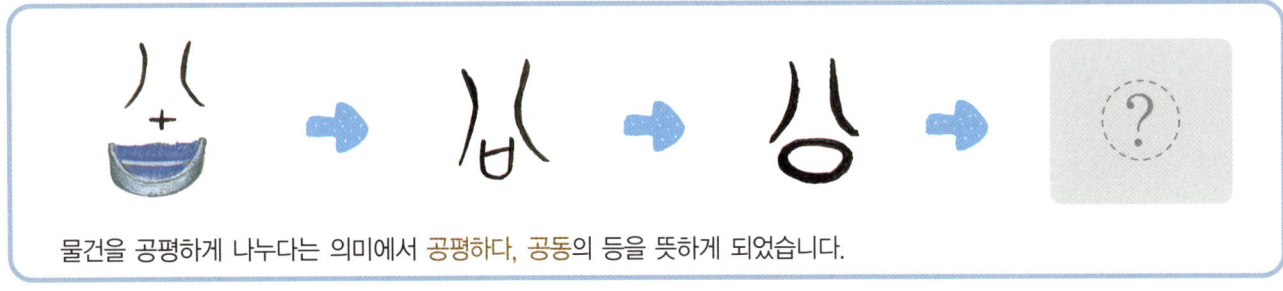

물건을 공평하게 나누다는 의미에서 공평하다, 공동의 등을 뜻하게 되었습니다.

✏️ 순서대로 써 보세요.

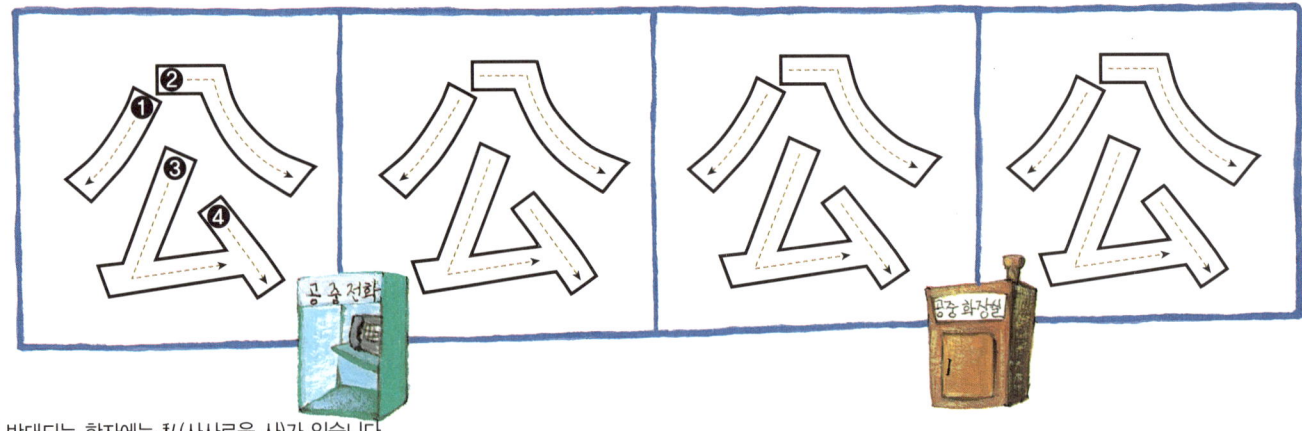

• 公의 반대되는 한자에는 私(사사로울 사)가 있습니다.

📝 公의 뜻, 소리, 모양을 쓰세요.

- 公은 _공평할(공평하다)_을(를) 뜻하고, ____공____이라고 읽습니다.

- 공평할 공은 _____ 이라고 씁니다.

- _____은 공평할(공평하다)을(를) 뜻하고, _____이라고 읽습니다.

📝 빈 칸에 公을 쓰고, 公이 쓰인 한자어를 익혀 보세요.

公 공 : 사회 일반이나 공중에 관계되는 것

公 무원 : 국가나 지방 공공 단체의 공무를 맡아 보는 사람

📝 필순에 맞게 公을 써 보세요.

八부수-총 4획

ノ 八 公 公

公
공평할 공

• 公의 부수는 八입니다. 人이나 入이 되지 않도록 쓰기에 유의합니다.

기탄한자 D2-51b

平 알아보기

🔊 빈 곳에 알맞은 스티커를 붙이고 한자의 뜻과 소리를 읽어 보세요.

뜻 : 평평할   소리 : 평

📃 平이 만들어진 유래를 알아보고 한자 스티커를 붙이세요.

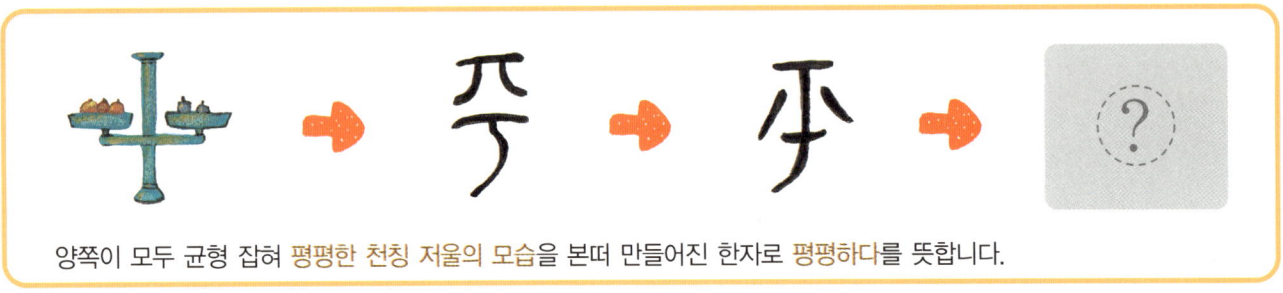

양쪽이 모두 균형 잡혀 평평한 천칭 저울의 모습을 본떠 만들어진 한자로 평평하다를 뜻합니다.

✏️ 순서대로 써 보세요.

• 平 의 자원은 물에 평평하게 뜬 부평초의 모양으로 보기도 합니다.

- 平의 뜻, 소리, 모양을 쓰세요.

  - 平은 _____을(를) 뜻하고, _____이라고 읽습니다.

  - **평평할 평**은 _____이라고 씁니다.

  - _____은 _____을(를) 뜻하고, _____이라고 읽습니다.

- 빈 칸에 平을 쓰고, 平이 쓰인 한자어를 익혀 보세요.

☐ 화 : 평온하고 화목함

☐ 야 : 넓게 펼쳐진 들

- 필순에 맞게 平을 써 보세요.

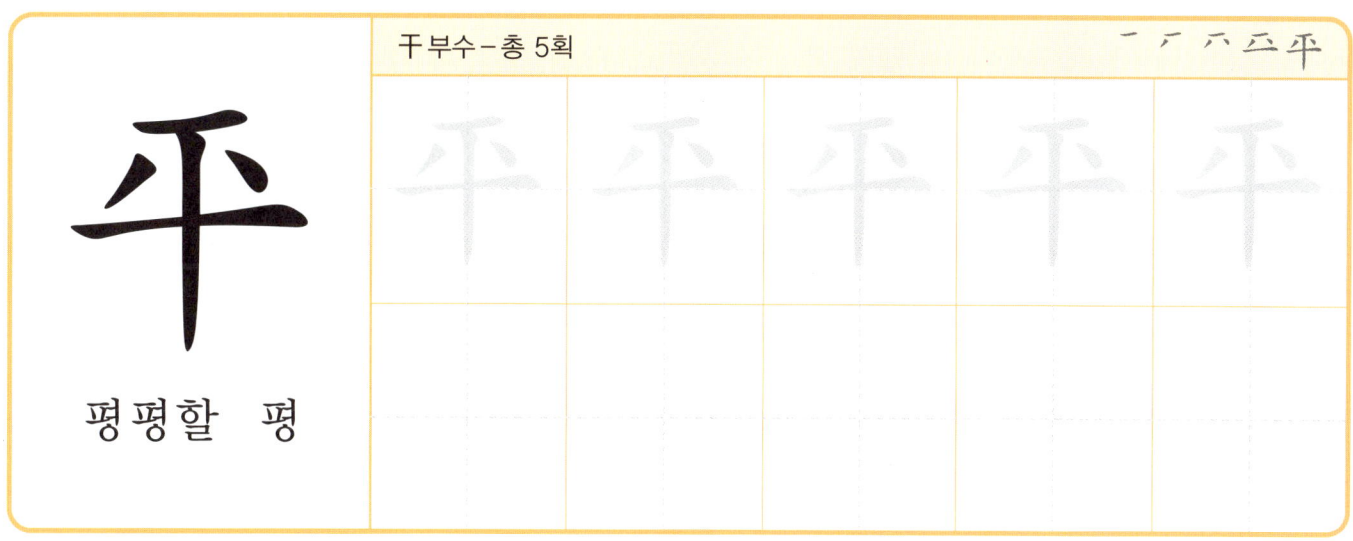

干부수 – 총 5획

平 평평할 평

● 균형이 잡혀 양쪽이 평평한 저울의 모습을 관련하여 기억합니다. 平은 平 모양으로도 쓰입니다.

意 알아보기

🔊 빈 곳에 알맞은 스티커를 붙이고 한자의 뜻과 소리를 읽어 보세요.

뜻 : 뜻   소리 : 의

📖 意가 만들어진 유래를 알아보고 한자 스티커를 붙이세요.

마음(心)의 소리(音)로 상대의 말을 살피면 그 뜻을 알 수 있다는 데서 뜻을 뜻합니다.

✏️ 순서대로 써 보세요.

• 한자를 파자(破字:한자의 자획을 나누거나 합침)하여 기초한자를 떠올려 봅니다. (예 : 意 ➡ 立 + 日 + 心 / 音 + 心)

✏️ 意의 뜻, 소리, 모양을 쓰세요.

- 意는 _____ 을 뜻하고, _____ 라고 읽습니다.

- 뜻 의는 _____ 라고 씁니다.

- _____ 는 _____ 을 뜻하고, _____ 라고 읽습니다.

✏️ 빈 칸에 意를 쓰고, 意가 쓰인 한자어를 익혀 보세요.

☐ 견 : 어떤 일에 대한 생각

동 ☐ · 같은 뜻, 같은 의견, 제기된 주장,
　　　의견 등에 대하여 의견을 같이 함

✏️ 필순에 맞게 意를 써 보세요.

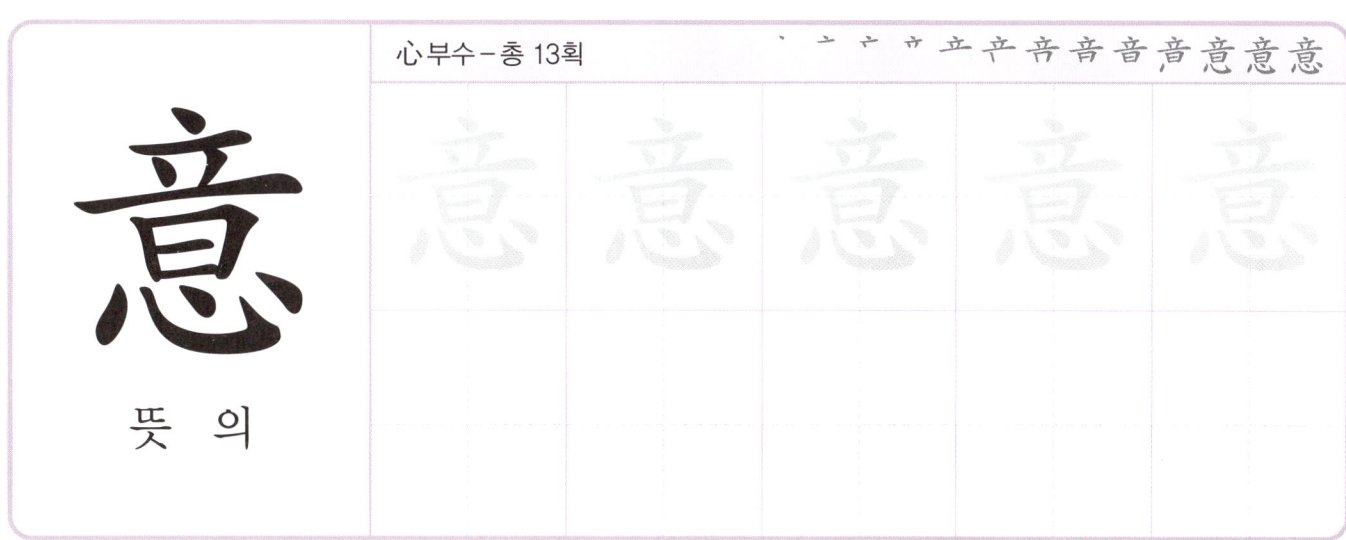

心부수 – 총 13획

意
뜻 의

• 心이 부수로 쓰였으므로 생각, 뜻을 나타냅니다.

# 思 알아보기

🔊 빈 곳에 알맞은 스티커를 붙이고 한자의 뜻과 소리를 읽어 보세요.

뜻 : 생각   소리 : 사

📄 思가 만들어진 유래를 알아보고 한자 스티커를 붙이세요.

머리(囟➡田)와 마음(心)으로 생각을 하는 것에서 **생각, 생각하다**를 뜻합니다.

✏️ 순서대로 써 보세요.

• 田(밭 전)과 心(마음 심)으로 나누어 봅니다. 思의 田은 囟(정수리 신)의 모양이 변한 것임을 설명해 줍니다.

📝 思의 뜻, 소리, 모양을 쓰세요.

- 思는 _____ 을 뜻하고, _____ 라고 읽습니다.

- 생각 사 는 _____ 라고 씁니다.

- _____ 는 _____ 을 뜻하고, _____ 라고 읽습니다.

📝 빈 칸에 思를 쓰고, 思가 쓰인 한자어를 익혀 보세요.

☐ 고 : 생각함. 궁리함

☐ 상 : 생각, 사고 작용의 결과로 얻어진 체계적 의식 내용

📝 필순에 맞게 思를 써 보세요.

心부수 - 총 9획   丨 冂 日 田 田 뽀 思 思 思

思
생각 사

- 意, 思는 心이 부수로 쓰였으므로 마음, 생각 등과 관련 있는 한자입니다.

다지기

🧦 알맞은 뜻과 소리를 찾아 ○하세요.

한자	뜻	소리
 公	평평할 / (공평할) / 뜻	(공) / 의 / 평
 平	평평할 / 생각 / 뜻	의 / 사 / 평
 意	생각 / 뜻 / 공평할	의 / 사 / 공
 思	생각 / 공평할 / 평평할	공 / 평 / 사

• 한자의 3요소를 각각 분리하여 찾을 수 있도록 합니다. 한자 카드를 보고 찾거나, 교재의 앞쪽을 보고 찾는 것도 좋은 방법입니다.

빈 곳에 스티커를 붙여 그림을 완성하고 알맞게 연결하세요.

자원을 보고 빈 칸에 알맞게 쓰세요.

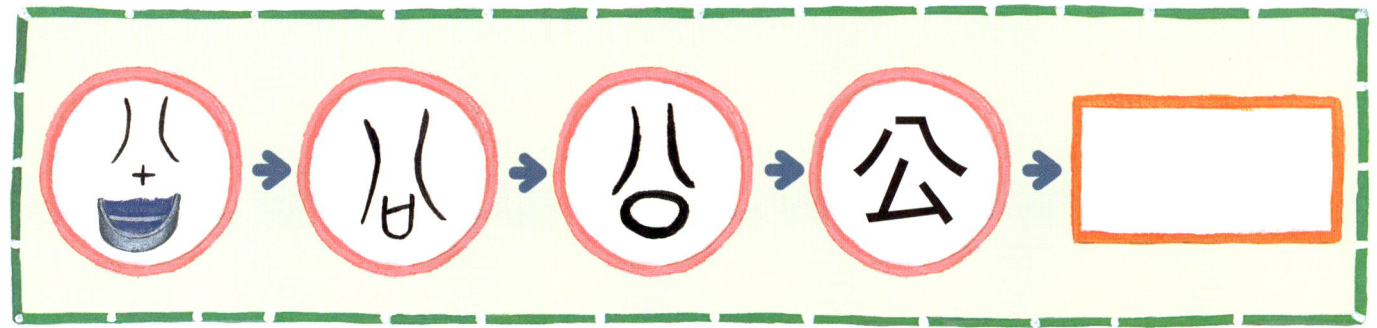

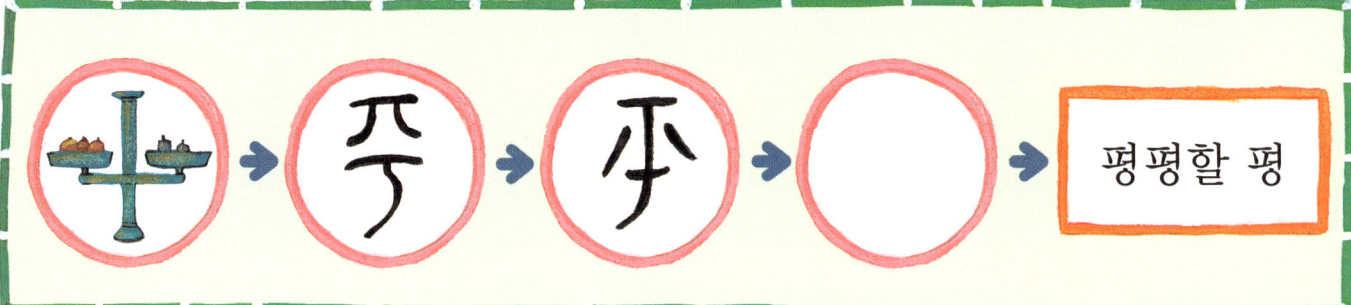

한자를 필순에 맞게 쓰세요.

📝 〈보기〉에서 알맞은 한자어를 찾아 쓰세요.

_____ : 사건, 또는 소설·연극·영화 따위의 중심 인물

수平선 : 하늘과 바다가 맞닿아 보이는 선

_____ : 공중의 휴식과 유락, 보건 등을 위한 시설이 되어 있는 큰 정원이나 지역

_____ : 평평한 표면

思모 : 마음에 두고 몹시 그리워함

_____ : 국민의 의사

〈보기〉　주인公　　수平선　　思모　　公원　　민意　　平면

동화를 읽고 〈보기〉에서 알맞은 한자를 찾아 쓰세요.

솔로몬 왕의 지혜

어느 날 두 여자 [女][子] 가 솔로몬 왕 을 찾아왔어요.

둘은 강보에 싸인 아기가 서로 자기 아기 라고 우겼어요.

솔로몬 왕은 한참 동안 골똘히 생각하더니 [思] 신하 에게 명령했어요.

"여봐라, 칼 [刀] 을 가져오너라."

"두 여인이 서로 자기 아기라고 하니 그 아기를 정확히 둘로 잘라 나누어 分 주거라."

그러자 한 여자 가 울면서 소리쳤어요. "아기를 죽이지 마세요. 차라리 저 여자에게 주세요."

하지만 다른 여자 는 "어서 왕의 뜻 [意] 대로 하세요! 그것이 공평 [公][平] 합니다!"

라고 말했어요.

"저 여인에게 아기를 주거라. 자기 아들이 죽는 것을 그냥 두고 보는 엄마는 없다."

사람들 모두 솔로몬 왕의 지혜에 감탄했어요.

〈보기〉 思 刀 意 公 分 平 女 子

- 한자의 뜻과 소리를 쓰세요.

意　뜻:　　　소리:

平　뜻:　　　소리:

公　뜻:　　　소리:

思　뜻:　　　소리:

- 바르게 연결하세요.

　·　　·　平

　·　　·　意

　·　　·　思

　·　　·　公

● 빈 칸에 알맞은 한자를 쓰세요.

* ☐공 공 장소에서 질서를 지킵시다.

* 비둘기는 평☐ 화 를 상징하는 새입니다.

* 당신의 의☐ 견 은 무엇입니까?

* 그의 사☐ 상 은 위대하였다.

● 뜻·소리에 알맞은 한자를 쓰세요.

공평할 공				
평평할 평				
뜻 의				
생각 사				

한자의 서체 3

● 전서(篆書)

전서는 중국 주나라 때의 태사(太史)라는 벼슬을 하던 주라는 사람이 만들었다고 전해집니다.
앞서 전해 내려오던 갑골문과 금문에 있는 글자들을 정비하고
글자의 획수를 늘려서 모양을 갖추게 되었습니다.
이렇게 만들어진 글씨체를 대전(大篆)이라 합니다.
이후 진나라 시황제가 중국을 통일하였습니다.
시황제는 이사라는 사람을 시켜 저울과 화폐를 정비하고
여러 지방에서 각각 다른 모양으로 쓰이던
문자를 정리, 통일하기 위하여 대전을 좀 더 간략하게 만들었습니다.
이것이 소전(小篆)입니다.
앞에서 알아본 것처럼 갑골문, 금문, 전서의 형태는 매우 오래 전의 글씨체이므로
지금 우리가 쓰는 한자 모양을 쉽게 찾아 볼 수는 없습니다.

-계속-

해답

D2집 49a-60a

49a

49b

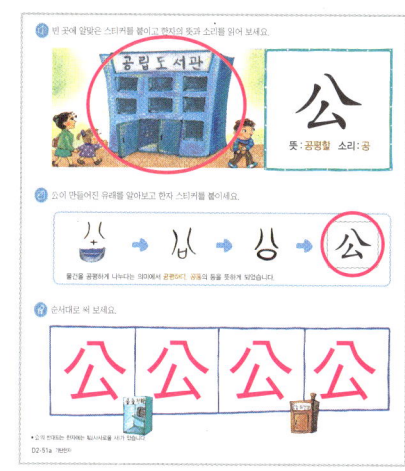
51a

51b

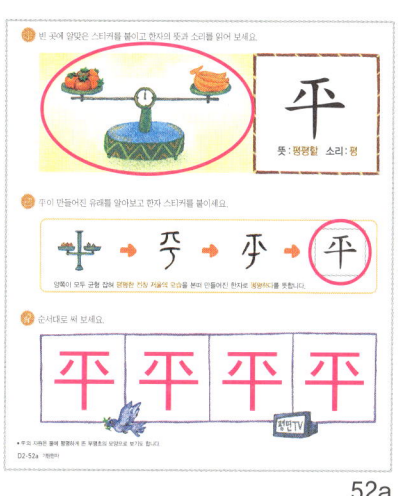
52a

52b

53a

53b

54a

기탄한자 D2-59b

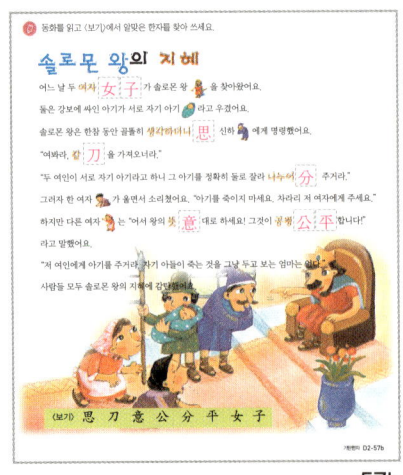

公

平

意

思

平 평평할 평	公 공평할 공
思 생각 사	意 뜻 의

公共

平野

意見

思考

평야
넓게 펼쳐진 들

平:평평할 평   野:들 야

공공
사회 일반이나 공중에 관계되는 것

公:공평할 공   共:함께 공

사고
생각함. 궁리함

思:생각 사   考:생각할 고

의견
어떤 일에 대한 생각

意:뜻 의   見:볼/뵈올 견/현

펴낸이 : 정지향
펴낸곳 : (주)기탄교육
기획·편집·디자인 : 기탄교육연구소
주소 : 06698 서울특별시 서초구 효령로 40 기탄출판센터
등록 : 제2000-000098호
전화 : (02)586-1007
팩스 : (02)586-2337

※서점에 갈 시간이 없거나 구하기 어려운 분은 인터넷 또는 전화로 신청하세요. 즉시 우송해 드립니다.
● www.gitan.co.kr

ⓒ (주)기탄교육 All rights reserved.
저작권자의 동의 없이 본 교재를 무단으로 복제하거나 전재하는 것을 금합니다.

받아쓰기

● 엄마가 뜻·소리를 부르고 아이가 한자를 써 보도록 합니다.

5호에서 배운 한자를 다시 한번 써 보세요.

| 公 | 公 公 公 公 公 |
| 공평할 공 | |

| 平 | 平 平 平 平 平 |
| 평평할 평 | |

| 意 | 意 意 意 意 意 |
| 뜻 의 | |

| 思 | 思 思 思 思 思 |
| 생각 사 | |

6 호

기탄한자 D단계 2집 61a~72a

그림으로 익히고 놀이로 기억하는 입체 한자 학습 프로그램

기탄®한자

D2집
6호
61a-72a

공부한 날   월   일 ~   월   일
              (원)교   반
이름   전화

www.gitan.co.kr

기초 탄탄한 교육 · 기초 탄탄한 학습
기탄교육

 # D단계에서 배울 한자입니다.

	D단계						
1집	靑, 赤, 音, 色	2집	公, 平, 意, 思	3집	前, 後, 走, 止	4집	世, 界, 國, 家
	住, 所, 姓, 名		老, 弱, 貧, 富		法, 道, 完, 全		東, 西, 見, 聞
	利, 用, 有, 無		正, 直, 忠, 孝		善, 惡, 長, 短		南, 北, 兒, 童
	복습		복습		복습		복습

※ 매주마다 학습한 한자를 누적하여 읽어 보세요.

학습진단 관리표

	훈음 읽기	훈음 쓰기	한자 쓰기	한자어 읽기	이번 주는?
금주평가	Ⓐ 아주 잘함	Ⓐ 아주 잘함	Ⓐ 아주 잘함	Ⓐ 아주 잘함	● 학습방법 ❶ 매일매일 ❷ 가끔 ❸ 한꺼번에 하였습니다.
	Ⓑ 잘함	Ⓑ 잘함	Ⓑ 잘함	Ⓑ 잘함	● 학습태도 ❶ 스스로 잘 ❷ 시켜서 억지로 하였습니다.
	Ⓒ 보통	Ⓒ 보통	Ⓒ 보통	Ⓒ 보통	● 학습흥미 ❶ 재미있게 ❷ 싫증내며 하였습니다.
	Ⓓ 노력해야 함	Ⓓ 노력해야 함	Ⓓ 노력해야 함	Ⓓ 노력해야 함	● 교재내용 ❶ 적합하다고 ❷ 어렵다고 ❸ 쉽다고 하였습니다.

지도 교사가 부모님께   부모님이 지도 교사께

종합평가	Ⓐ 아주 잘함	Ⓑ 잘함	Ⓒ 보통	Ⓓ 노력해야 함

이번 주에는 老 (늙을 로), 弱 (약할 약), 貧 (가난할 빈), 富 (부유할 부)를 배워요.

이렇게 **도와** 주세요

1 일차 61a~62b
- 지난 호에서 학습한 公, 平, 意, 思를 복습합니다.
- 동화를 읽고 老, 弱, 貧, 富의 뜻을 이야기해 봅니다.
- 한자 카드나 받아쓰기로 앞서 배운 한자를 복습합니다.

2 일차 63a~64b
- 老, 弱의 뜻, 소리, 자원, 필순, 한자어를 학습합니다.
- 老는 '로' 와 '노' 의 두 가지 소리가 난다는 것을 설명합니다.
  (예: 老人 - 노인, 年老 - 연로)

3 일차 65a~66b
- 貧, 富의 뜻, 소리, 자원, 필순, 한자어를 학습합니다.
- 貧, 富는 서로 상대되는 뜻을 지닌 한자입니다.

4 일차 67a~69b
- 68a에서 자원 변화 과정을 보고 한자를 이해하도록 합니다.
- 弱은 약한 새의 모양, 老는 지팡이를 짚은 노인의 모양, 貧은 조개(貝)를 나누니(分) 가난하다 등으로 기억하게 합니다.

5 일차 70a~72a
- 풀어보기를 통해 老, 弱, 貧, 富 학습을 마무리합니다.
- 한자 보따리를 읽고 한자의 서체 변화를 접해 봅니다.
- 재미로 읽기를 통해 한자어를 흥미롭게 익힙니다.

다시 보기

한자를 따라 쓰고 빈 칸에 뜻과 소리를 쓰세요.

公
뜻 :   소리 :

平
뜻 :   소리 :

思
뜻 :   소리 :

意
뜻 :   소리 :

• 지난 주에 배운 한자의 필순을 떠올려 한자를 써 보도록 합니다.

빈 칸에 알맞은 한자를 쓰세요.

- 지난 주에 배운 한자를 그림 속 상황을 보며 떠올립니다.

동화를 읽고 같은 모양의 한자를 찾아 스티커를 붙이세요.

욕심 많은 할머니

옛날 어느 산골 마을에 **가난한**(貧) 할아버지, 할머니가 살고 있었어요.
어느 날 할아버지가 사냥을 하러 깊은 산으로 갔어요.
고개를 넘을 무렵 "살려 주세요!" 하는 소리가 들려왔어요.
할아버지가 가까이 가보니 깊은 구덩이에
약하고(弱) 머리에 사슴뿔이 붙은 예쁜 아가씨가 빠져 있었어요.
할아버지는 **늙어서**(老) 힘이 약했지만 가까스로 아가씨를 구해 줬어요.
그런데 그 아가씨는 하늘나라에서 온 선녀였어요.
그 아가씨는 하늘나라에서 죄를 지어 사슴뿔을
붙여 쫓겨났다고 했어요.
할아버지가 일을 마치고 돌아왔는데
할아버지의 집이 **부유한**(富) 집으로 변해 있었어요.

• 동화를 읽고 문장 속에 쓰인 한자를 읽어 봅니다.

"임자, 내가 선녀를 구해 줬더니 대궐 같은 집을 선물로 줬구려."
할머니는 너무 기뻐 펄펄 뛰었어요.
며칠이 지나자, 할머니는 욕심이 생겼어요.
"영감, 선녀를 찾아가서 가구와 하인을 달라고 해요."

그 후 할머니는 매일 새로운 것을 원했고,
마지막 남은 선녀의 뿔까지 달라고 했어요.
선녀는 눈물을 흘리며 사슴뿔을 뽑아 주었어요.
그 순간 할아버지의 집은 다시 가난한 초가집으로 변했어요.
할머니는 자신의 잘못을 뉘우쳤지만 소용이 없었답니다.

● 貧과 富는 서로 반대의 뜻을 가진 한자입니다.

🔊 빈 곳에 알맞은 스티커를 붙이고 한자의 뜻과 소리를 읽어 보세요.

뜻 : 늙을   소리 : 로

📖 老가 만들어진 유래를 알아보고 한자 스티커를 붙이세요.

등이 구부정하고 손에 지팡이를 짚고 걸어가는 노인의 모습에서 늙다를 뜻하게 되었습니다.

✏️ 순서대로 써 보세요.

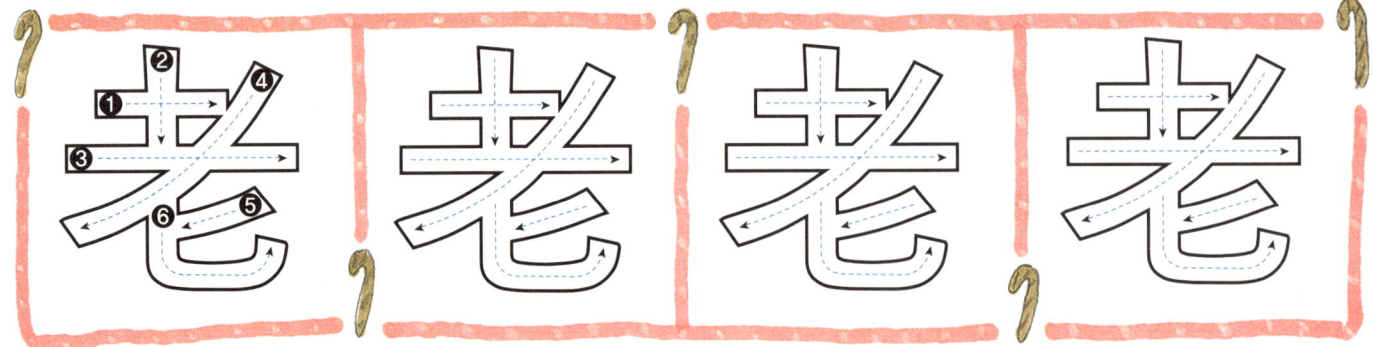

● 老가 첫소리로 쓰일 때는 '로 → 노'로 소리납니다. (예 : 老人 → 노인, 老弱者 → 노약자)

- 老의 뜻, 소리, 모양을 쓰세요.

  - 老는 _____ 을(를) 뜻하고, _____ 라고 읽습니다.

  - 늙을 로는 _____ 라고 씁니다.

  - _____ 는 _____ 을(를) 뜻하고, _____ 라고 읽습니다.

- 빈 칸에 老를 쓰고, 老가 쓰인 한자어를 익혀 보세요.

☐ 인 : 늙은 사람. 나이가 많은 사람

원 ☐
- 관직이나 나이·덕망 따위가 높고 나라에 공로가 많은 사람

- 필순에 맞게 老를 써 보세요.

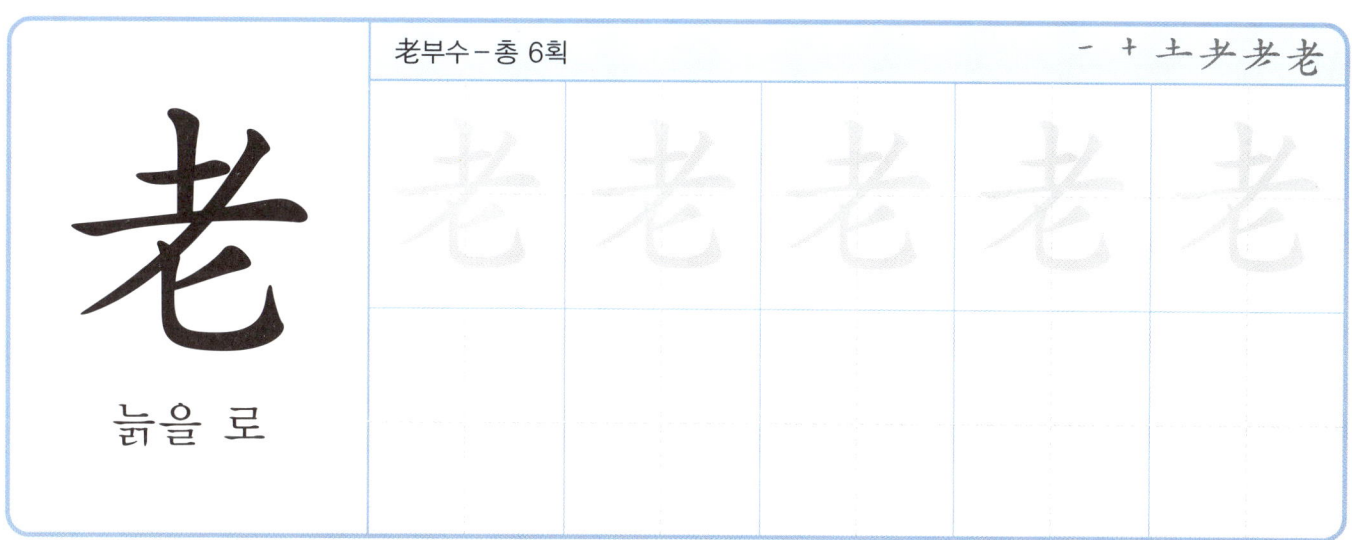

老부수-총 6획   一十土耂耂老

늙을 로

• 老는 부수로 쓰일 때 耂로 모양이 바뀝니다.

弱 알아보기

🔊 빈 곳에 알맞은 스티커를 붙이고 한자의 뜻과 소리를 읽어 보세요.

뜻: **약할** 소리: **약**

📝 弱이 만들어진 유래를 알아보고 한자 스티커를 붙이세요.

어린 새의 두 날개가 나란히 펼쳐진 모양을 본뜬 한자로, 약하다는 뜻을 나타냅니다.

✏️ 순서대로 써 보세요.

• 弱의 자원은 활시위의 느슨한 모양에서 유래되었다는 설도 있습니다.

📝 弱의 뜻, 소리, 모양을 쓰세요.

- 弱은 _____ 을(를) 뜻하고, _____ 이라고 읽습니다.

- 약할 약은 _____ 이라고 씁니다.

- _____ 은 _____ 을(를) 뜻하고, _____ 이라고 읽습니다.

📝 빈 칸에 弱을 쓰고, 弱이 쓰인 한자어를 익혀 보세요.

☐ 세 : 약한 세력이나 기세

노 ☐
- 늙은이와 연약한 어린이.
- 늙은이와 병약한 사람

📝 필순에 맞게 弱을 써 보세요.

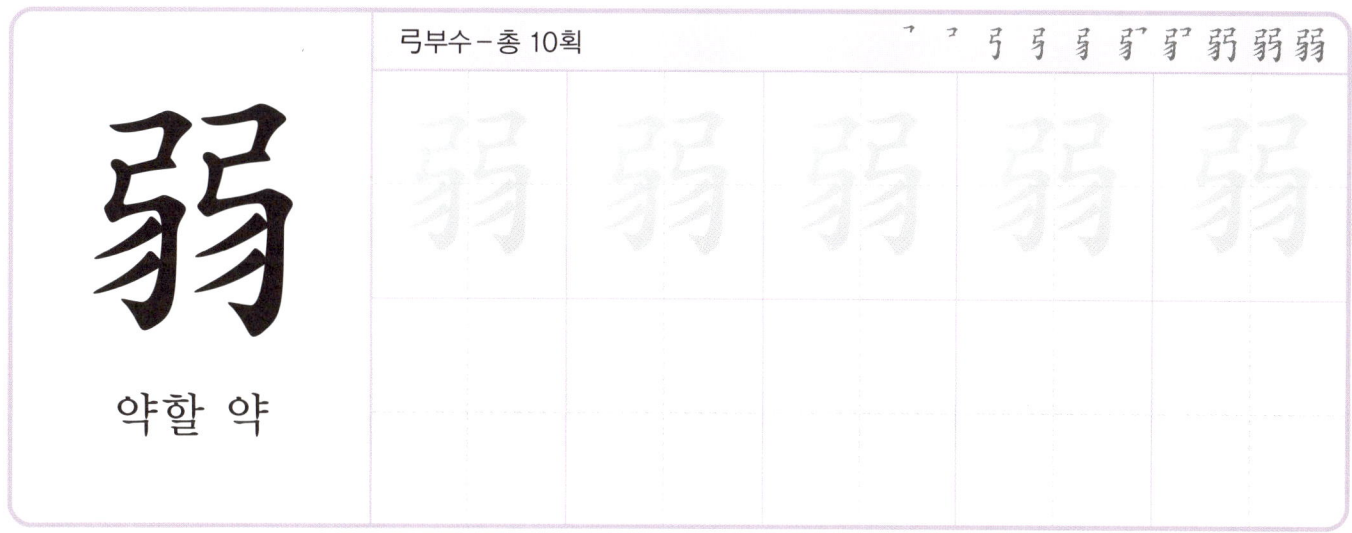

弓부수 – 총 10획

약할 약

• 弱의 상대되는 한자로는 强(강할 강)이 있습니다.

기탄한자 D2-64b

貧 알아보기

🔊 빈 곳에 알맞은 스티커를 붙이고 한자의 뜻과 소리를 읽어 보세요.

뜻: 가난할   소리: 빈

📖 貧이 만들어진 유래를 알아보고 한자 스티커를 붙이세요.

옛날의 화폐인 조개(貝)를 나누면(分) 재산이 흩어져 적어지는 것에서 가난하다를 뜻합니다.

✏️ 순서대로 써 보세요.

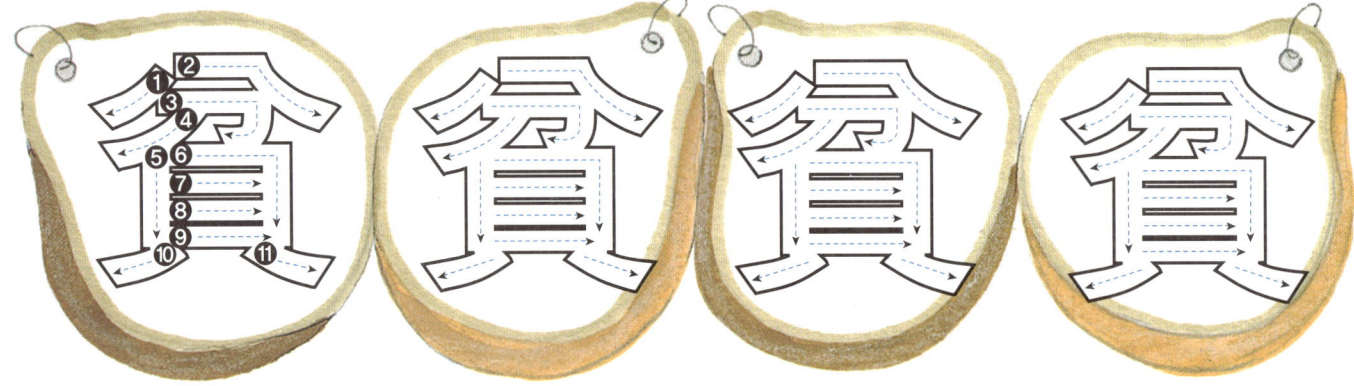

• 貧은 分(나눌 분)과 貝(조개 패)로 파자해서 이해하면 쉽습니다.

✏️ 貧의 뜻, 소리, 모양을 쓰세요.

- 貧은 _____을(를) 뜻하고, _____이라고 읽습니다.

- 가난할 빈은 _____ 이라고 씁니다.

- _____ 은 _____ 을(를) 뜻하고, _____ 이라고 읽습니다.

✏️ 빈 칸에 貧을 쓰고, 貧이 쓰인 한자어를 익혀 보세요.

☐ 약 : 가난하고 약함

☐ 혈 : 몸 안에 피가 모자람

✏️ 필순에 맞게 貧을 써 보세요.

貝부수 – 총 11획

／ 八 分 分 分 分 盆 盆 貧 貧 貧

貧
가난할 빈

- 貧은 貪(탐할 탐)과 모양이 비슷함에 유의합니다.

 富 알아보기

🔊 빈 곳에 알맞은 스티커를 붙이고 한자의 뜻과 소리를 읽어 보세요.

뜻 : 부유할   소리 : 부

📖 富가 만들어진 유래를 알아보고 한자 스티커를 붙이세요.

집안에 술항아리를 가지고 먹을 수 있을 정도로 생활이 풍족한 것에서 부유하다를 뜻하게 되었습니다.

✏️ 순서대로 써 보세요.

• 富는 파자하여 집에 (宀) 입(口)은 하나(一)인데 밭(田)은 넓으니 '부유하다' 라고 기억하면 쉽습니다.

✏️ 富의 뜻, 소리, 모양을 쓰세요.

- 富는 _____을(를) 뜻하고, _____라고 읽습니다.

- 부유할 부는 _____라고 씁니다.

- _____는 _____을(를) 뜻하고, _____라고 읽습니다.

✏️ 빈 칸에 富를 쓰고, 富가 쓰인 한자어를 익혀 보세요.

☐ 귀 : 재산이 많고 지위가 높음

☐ 자 : 재산이 많은 사람

✏️ 필순에 맞게 富를 써 보세요.

宀부수 - 총 12획

富
부유할 부

- 富와 뜻이 상대되는 한자로는 貧(가난할 빈)이 있습니다.

다지기

알맞은 뜻과 소리를 찾아 ○하세요.

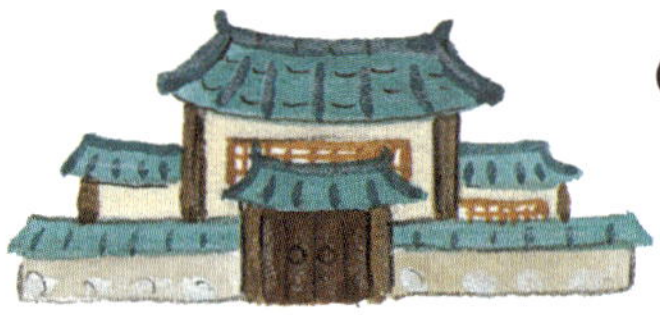

富	약할 / 부유할 / 늙을	약 / 부 / 로
弱	늙을 / 약할 / 가난할	약 / 로 / 빈
貧	가난할 / 부유할 / 약할	약 / 빈 / 부
老	약할 / 늙을 / 부유할	부 / 로 / 약

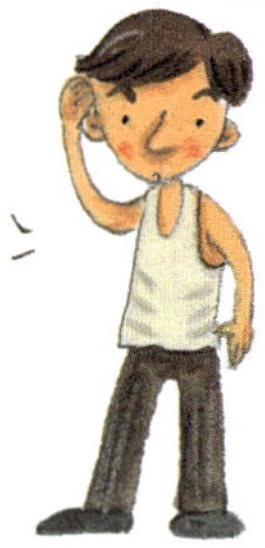

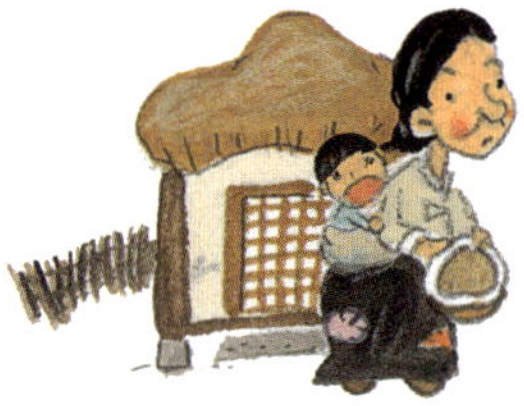

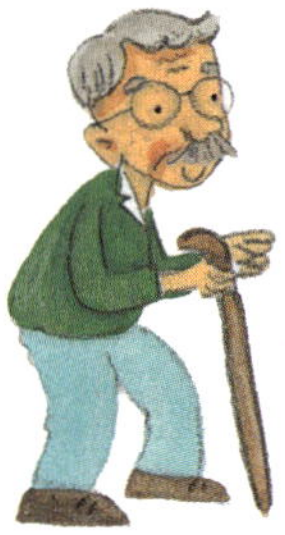

• 한자에 해당하는 뜻과 소리를 각각 찾아 봅니다.

빈 곳에 스티커를 붙여 그림을 완성하고 알맞게 연결하세요.

• 빈 곳에 스티커를 붙이고 한자의 3요소를 연결해 봅니다. 앞서 배운 한자도 떠올려 봅니다. (예 : 푸를 청 → 靑, 붉을 적 → 赤)

📝 자원을 보고 빈 칸에 알맞게 쓰세요.

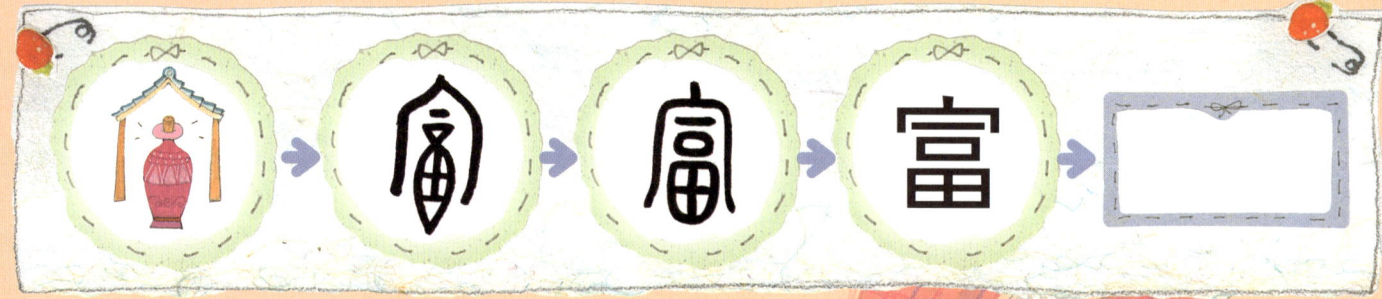

한자를 필순에 맞게 쓰세요.

〈보기〉에서 알맞은 한자어를 찾아 쓰세요.

_____ : 의지할 데 없는 노인들을 수용하여 돌보아 주는 시설

_____ : 노인을 공경함

弱자 : 힘이나 기능·세력 따위가 약한 사람

_____ : 강함과 약함

_____ : 가난하여 생활이 몹시 어려움

富국 : 경제력이 넉넉한 나라

〈보기〉 양老원   貧궁   弱자   富국   경老   강弱

동화를 읽고 <보기>에서 알맞은 한자를 찾아 쓰세요.

삼 년 고개

옛날 어느 산골에 삼 년 고개 가 있었어요.

누구든지 이 고개에서 넘어지면 삼 년밖에 못 산다고 해서 붙여진 이름 [名] 이에요.

어느 날 다리가 약한 [ ] 할머니 가 장에 갔다 오다가 삼 년 고개에서 그만 넘어지고 말았어요.

"아이고, 큰일 났네. 늙은 [ ] 것도 서러운데, 이제 삼 년 밖에 못 살게 됐어. 흑흑흑……"

할머니는 집으로 돌아와 자리에 눕고 말았어요. 그 소문은 금세 마을 [ ] 에 퍼졌어요.

어느 날, 가난하지만 [ ] 매우 영리한 소년 이 소문을 듣고 할머니를 찾아왔어요.

"할머니, 너무 걱정하지 마세요."

"아니, 그럼 이대로 죽으란 말이냐?"

"아니에요. 삼 년 고개는 한 번 넘어지면 3년을 사니까

두 번 넘어지면 6년, 또 넘어지면 9 [ ] 년, 자꾸 넘어질수록 더 오래 사실 수 있잖아요?"

"오, 듣고 보니 정말 그렇구나! 호호."

할머니는 자리에서 벌떡 일어나 삼 년 고개로 갔어요.

한 번, 두 번, 세 번…

할머니는 셀 수도 없을 만큼 많이 [ ] 넘어졌대요.

<보기> 名 老 弱 里 多 九 貧

● 한자의 뜻과 소리를 쓰세요.

富 뜻: _____ 소리: _____

貧 뜻: _____ 소리: _____

弱 뜻: _____ 소리: _____

老 뜻: _____ 소리: _____

● 바르게 연결하세요.

● 빈 칸에 알맞은 한자를 쓰세요.

* 철수는 지하철에서 [노][인]分께 자리를 양보하였습니다.

* 마음이 [부][자]인 사람이 되도록 노력합시다.

* 영희는 [빈][혈] 증세로 병원에 입원하였습니다.

* [약][세]인 아군이 전쟁에서 패했습니다.

● 뜻·소리에 알맞은 한자를 쓰세요.

늙을 로					
약할 약					
가난할 빈					
부유할 부					

한자의 서체 4

● 예서(隷書)

중국 한나라 때의 대표적 글씨체를 예서라고 합니다.
진나라에서 한나라로 넘어오면서 정치와 문화가 더욱 발달하게 되고
기록을 하거나 글을 쓸 일은 더욱 많아지게 되었습니다.
그래서 앞서 전해오던 전서의 획수를 간략하게 만든 것이 예서입니다.
둥근 선은 곧은 선 모양으로 바꾸었고, 원 모양의 부분은 네모꼴로 바꾸었습니다.
이렇게 정비하여 일상 생활이나 나라의 일을 진행하는 관리들이 편히 쓰도록 하였습니다.
혹은 노비인 정막이란 사람이 소전을 간략화, 직선화 했다고 전해지기도 합니다.
그래서 노비라는 뜻인 隷(종, 노비 예)를 글씨체의 이름으로 썼다고 주장하는 학자도 있습니다.
아래에서 보면 현재 우리가 쓰는 한자의 모양을 찾아 볼 수 있습니다.

乾 云 之 事 文 來 予 丞 不 尹 世

- 계속 -

해답

D2집
61a-72a

61a

61b

63a

63b

64a

64b

65a

65b

66a

기탄한자 D2-71b

 老

 弱

 貧

 富

弱	老
약할 약	늙을 로

富	貧
부유할 부	가난할 빈

老人

老弱

貧血

富者

노약
늙은이와 연약한 어린이.
늙은이와 병약한 사람

老: 늙을 로   弱: 약할 약

노인
늙은 사람.
나이가 많은 사람

老: 늙을 로   人: 사람 인

부자
재산이 많은 사람

富: 부유할 부   者: 사람 자

빈혈
몸 안에 피가 모자람

貧: 가난할 빈   血: 피 혈

62a
老 늙을 로　　弱 약할 약

62b
貧 가난할 빈　　富 부유할 부

63a
 老

64a
 弱

65a
 貧

66a
 富

67b
 老　 貧　 부유할 부 / 가난할 빈

펴낸이 : 정지향
펴낸곳 : (주)기탄교육
기획·편집·디자인 : 기탄교육연구소
주소 : 06698 서울특별시 서초구 효령로 40 기탄출판센터
등록 : 제2000-000098호
전화 : (02) 586-1007
팩스 : (02) 586-2337

※ 서점에 갈 시간이 없거나 구하기 어려운 분은 인터넷 또는 전화로 신청하세요. 즉시 우송해 드립니다.
• www.gitan.co.kr

ⓒ (주)기탄교육 All rights reserved.
저작권자의 동의 없이 본 교재를 무단으로 복제하거나 전재하는 것을 금합니다.

받아쓰기

● 엄마가 뜻·소리를 부르고 아이가 한자를 써 보도록 합니다.

6호에서 배운 한자를 다시 한번 써 보세요.

老	老 老 老 老 老
늙을 로	

弱	弱 弱 弱 弱 弱
약할 약	

貧	貧 貧 貧 貧 貧
가난할 빈	

富	富 富 富 富 富
부유할 부	

7호

기탄한자 D단계 2집 73a~84a

 D단계에서 배울 한자입니다.

D단계

1집	靑, 赤, 音, 色	2집	公, 平, 意, 思	3집	前, 後, 走, 止	4집	世, 界, 國, 家
	住, 所, 姓, 名		老, 弱, 貧, 富		法, 道, 完, 全		東, 西, 見, 聞
	利, 用, 有, 無		正, 直, 忠, 孝		善, 惡, 長, 短		南, 北, 兒, 童
	복습		복습		복습		복습

※ 매주마다 학습한 한자를 누적하여 읽어 보세요.

학습 진단 관리표

	훈음 읽기	훈음 쓰기	한자 쓰기	한자어 읽기	이번 주는?			
금주평가	Ⓐ 아주 잘함	Ⓐ 아주 잘함	Ⓐ 아주 잘함	Ⓐ 아주 잘함	● 학습방법	❶ 매일매일	❷ 가끔	❸ 한꺼번에 하였습니다.
	Ⓑ 잘함	Ⓑ 잘함	Ⓑ 잘함	Ⓑ 잘함	● 학습태도	❶ 스스로 잘	❷ 시켜서 억지로 하였습니다.	
	Ⓒ 보통	Ⓒ 보통	Ⓒ 보통	Ⓒ 보통	● 학습흥미	❶ 재미있게	❷ 싫증내며 하였습니다.	
	Ⓓ 노력해야 함	Ⓓ 노력해야 함	Ⓓ 노력해야 함	Ⓓ 노력해야 함	● 교재내용	❶ 적합하다고	❷ 어렵다고	❸ 쉽다고 하였습니다.

지도 교사가 부모님께   부모님이 지도 교사께

종합평가	Ⓐ 아주 잘함	Ⓑ 잘함	Ⓒ 보통	Ⓓ 노력해야 함

이번 주에는 正(바를 정), 直(곧을 직), 忠(충성 충), 孝(효도 효)를 배워요.

이렇게 **도와** 주세요

1일차 73a~74b
- 지난 호에서 학습한 老, 弱, 貧, 富를 복습합니다.
- 동화를 읽고 正, 直, 忠, 孝의 뜻을 이야기해 봅니다.
- 한자 카드나 받아쓰기로 앞서 배운 한자를 복습합니다.

2일차 75a~76b
- 正, 直의 뜻, 소리, 한자어, 자원, 필순을 익힙니다.
- 낱자를 연결하여 한자어를 만들어 봅니다.
  예: 정직(正直), 정답(正答), 정문(正門)

3일차 77a~78b
- 忠, 孝의 뜻, 소리, 한자어, 자원, 필순을 익힙니다.
- 孝에 쓰인 耂는 老의 모양이 변한 한자입니다.
- 老(늙을 로)와 孝(효도 효)의 모양 구별에 유의합니다.

4일차 79a~81b
- 다양한 방법으로 正, 直, 忠, 孝의 3요소, 필순, 자원을 익힙니다.
- 79b에서는 스티커를 붙여 그림을 완성하고 뜻·소리를 연결합니다.

5일차 82a~84a
- 풀어보기를 통해 이번 주의 학습 성취도를 점검합니다.
- 풀어보기의 채점 결과에 따라 적절한 칭찬과 동기유발을 해 줍니다.
- 한자 보따리를 읽고 한자의 서체 변화를 익힙니다.

다시 보기

한자를 따라 쓰고 빈 칸에 뜻과 소리를 쓰세요.

老
뜻:　　　소리:

弱
뜻:　　　소리:

富
뜻:　　　소리:

貧
뜻:　　　소리:

빈 칸에 알맞은 한자를 쓰세요.

• 지난 주에 배운 한자의 뜻, 소리, 모양을 복습합니다.

동화를 읽고 같은 모양의 한자를 찾아 스티커를 붙이세요.

꽃씨를 준 임금님

옛날 어느 나라에 인자한 임금님이 살았어요.
그런데 임금님에게는 남모를 걱정이 있었어요.
신하들은 **충성스럽지(忠)** 않고 **바른(正)** 마음을 가진 백성이 적었기 때문이에요.
그래서 신하들과 백성의 마음을 시험해 보기로 했어요.
임금님은 신하를 시켜 집집마다 여러 가지 꽃씨를 나누어 주게 했어요.
그리고 1년 뒤에 가장 예쁜 꽃을 피운 사람에게 상을 준다고 발표했어요.
어느덧 1년이 지났어요.
신하들은 자기 집의 꽃을 돋보이게 하려고 담장을 화려하게 장식했어요.

● 동화를 읽고 이번 주에 배울 한자의 뜻을 알아봅니다.

백성들도 집집마다 예쁜 꽃을 내다 놓고 임금님이 지나가시길 기다렸어요.

그러던 중 한 소녀가 꽃이 피지 않은 화분을 들고 울고 있었어요.

"그대는 왜 빈 화분을 들고 울고 있느냐?"

"제가 정성껏 물을 주고 노력했지만 꽃이 피지 않았습니다.

꽃을 피워서 그 향기로 앞 못 보는 어머니를 기쁘게 해 드리고 싶었는데……."

"오호, 너야말로 바르고 **곧은**(直) 마음을 지녔구나. 또 **효성**(孝)도 깊은 소녀로다.

이 소녀에게 큰 상을 주거라."

"내가 준 그 꽃씨는 꽃씨가 아니라 꽃씨처럼 생긴 쇳조각이었느니라."

신하와 백성들은 아무 말도 못했답니다.

正 알아보기

🔊 빈 곳에 알맞은 스티커를 붙이고 한자의 뜻과 소리를 읽어 보세요.

뜻 : 바를   소리 : 정

📝 正이 만들어진 유래를 알아보고 한자 스티커를 붙이세요.

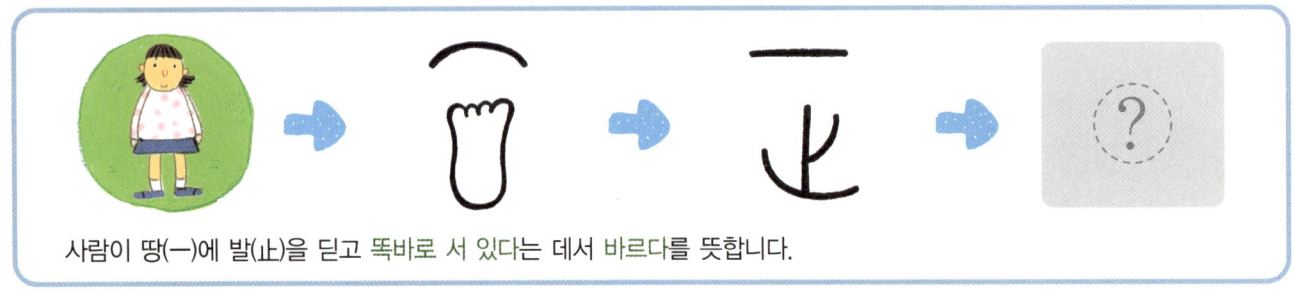

사람이 땅(一)에 발(止)을 딛고 똑바로 서 있다는 데서 바르다를 뜻합니다.

✏️ 순서대로 써 보세요.

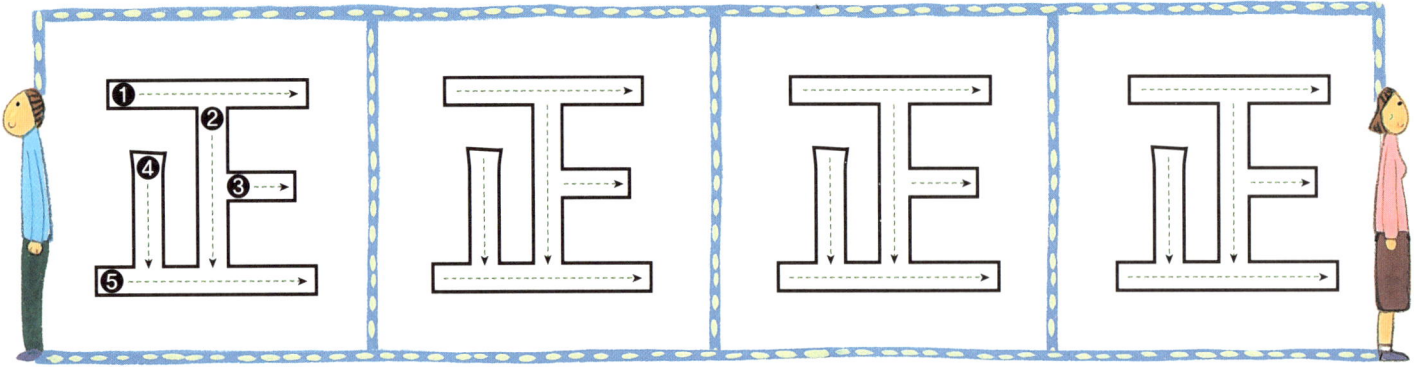

● 正의 획순에 유의합니다. 止는 '발'이라는 뜻도 있습니다.

- 正의 뜻, 소리, 모양을 쓰세요.

  - 正은 _____ 을(를) 뜻하고, _____ 이라고 읽습니다.

  - 바를 정은 _____ 이라고 씁니다.

  - _____ 은 _____ 을(를) 뜻하고, _____ 이라고 읽습니다.

- 빈 칸에 正을 쓰고, 正이 쓰인 한자어를 익혀 보세요.

□ 직 : 거짓이나 꾸밈이 없이 마음이 바르고 곧음

□ 답 : 옳은 답. 맞는 답

- 필순에 맞게 正을 써 보세요.

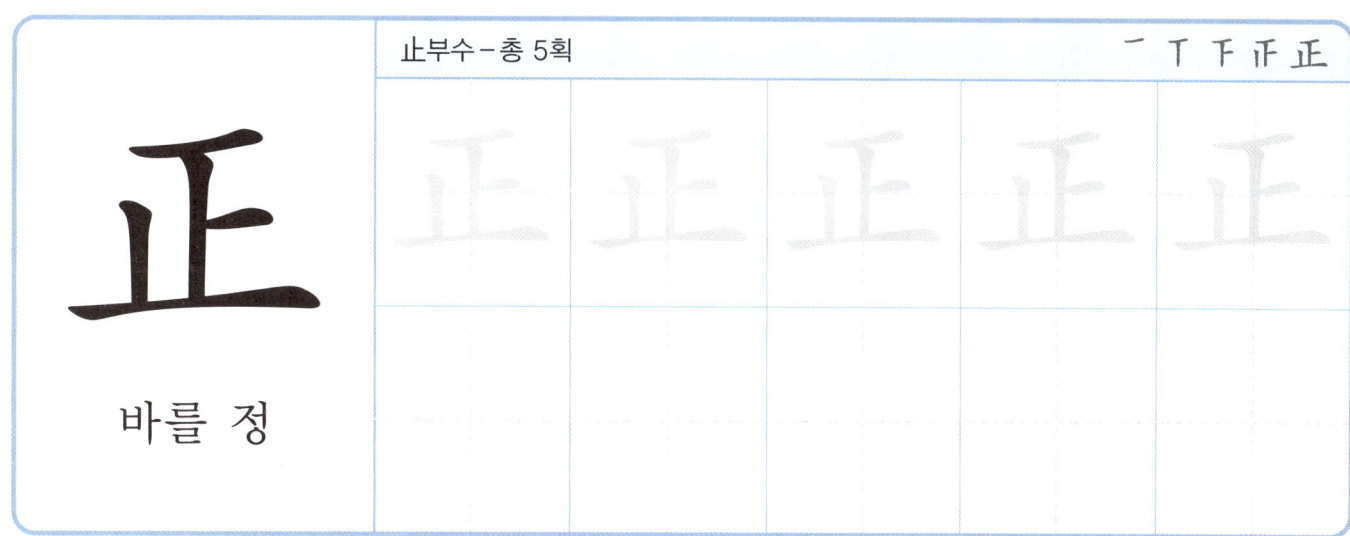

正부수 – 총 5획

正

바를 정

直 알아보기

🔊 빈 곳에 알맞은 스티커를 붙이고 한자의 뜻과 소리를 읽어 보세요.

뜻 : **곧을**   소리 : **직**

📋 直이 만들어진 유래를 알아보고 한자 스티커를 붙이세요.

눈(目)에 직선이 그어져 있는 모습으로 시선이 똑바르다는 의미에서 곧다를 뜻합니다.

✏️ 순서대로 써 보세요.

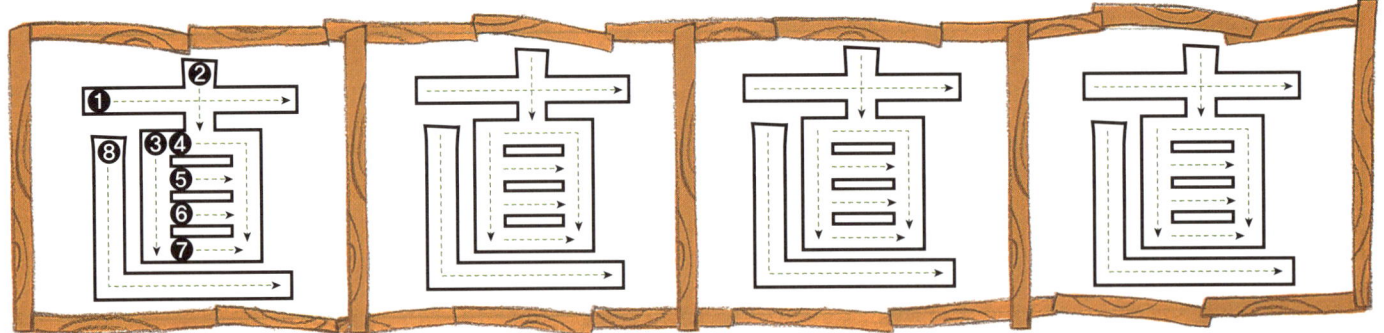

• 直은 正과 비슷한 뜻의 한자입니다.

- 直의 뜻, 소리, 모양을 쓰세요.

  • 直은 _____을(를) 뜻하고, _____이라고 읽습니다.

  • 곧을 직은 _____이라고 씁니다.

  • _____ 은 _____을(를) 뜻하고, _____이라고 읽습니다.

- 빈 칸에 直을 쓰고, 直이 쓰인 한자어를 익혀 보세요.

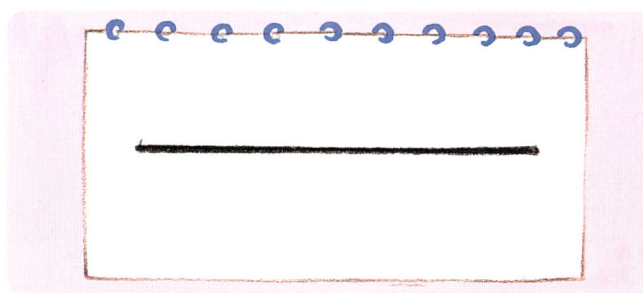

☐ 선 : 곧은 줄

☐ 각 : 서로 수직인 두 직선이 이루는 각. 90도의 각

- 필순에 맞게 直을 써 보세요.

目부수 – 총 8획

一 十 ㄣ 㐅 古 肯 肖 直

直 곧을 직

● 直의 상대되는 뜻의 한자로 曲(굽을 곡)이 있습니다.

忠 알아보기

🔊 빈 곳에 알맞은 스티커를 붙이고 한자의 뜻과 소리를 읽어 보세요.

忠

뜻: 충성　소리: 충

📄 忠이 만들어진 유래를 알아보고 한자 스티커를 붙이세요.

가슴 한가운데(中)에서 우러나오는 진짜 마음(心)을 뜻한 데서 충성을 뜻합니다.

✏️ 순서대로 써 보세요.

• 忠은 中(가운데 중)과 心(마음 심)으로 파자(破字)할 수 있도록 합니다.

✏️ 忠의 뜻, 소리, 모양을 쓰세요.

- 忠은 _____을 뜻하고, _____이라고 읽습니다.

- 충성 충은 _____이라고 씁니다.

- _____ 은 _____을 뜻하고, _____이라고 읽습니다.

✏️ 빈 칸에 忠을 쓰고, 忠이 쓰인 한자어를 익혀 보세요.

☐ 성 : 참마음에서 우러나는 정성.
　　　　나라 또는 임금에게 바치는 곧고 지극한 마음

☐ 언 : 충직한 말
　　　　바르게 타이르는 말

✏️ 필순에 맞게 忠을 써 보세요.

心부수 – 총 8획

ㅣ 口 口 中 中 忠 忠 忠

忠
충성 충

• 忠은 心이 부수로 쓰였으므로 사람의 마음과 관련된 뜻을 나타낸 한자입니다.

기탄한자 D2-77b

孝 알아보기

🔊 빈 곳에 알맞은 스티커를 붙이고 한자의 뜻과 소리를 읽어 보세요.

뜻 : 효도　소리 : 효

📋 孝가 만들어진 유래를 알아보고 한자 스티커를 붙이세요.

자식이 늙은 어버이를 업고 가는 모습을 본떠서 만든 글자로 효도를 뜻합니다.

✏️ 순서대로 써 보세요.

● 孝는 老(늙을 로)와 子(아들 자)로 파자(破字)하여 뜻과 소리를 기억하게 합니다.

✏️ 孝의 뜻, 소리, 모양을 쓰세요.

- 孝는 _____ 를 뜻하고, _____ 라고 읽습니다.

- 효도 효는 _____ 라고 씁니다.

- _____ 는 _____ 를 뜻하고, _____ 라고 읽습니다.

✏️ 빈 칸에 孝를 쓰고, 孝가 쓰인 한자어를 익혀 보세요.

☐ 도 : 어버이를 잘 섬김. 또는 그 도리

☐ 녀 : 효성스러운 딸

✏️ 필순에 맞게 孝를 써 보세요.

子부수 – 총 7획

一 + 土 耂 考 孝 孝

孝
효도 효

• 孝에 쓰인 耂는 老의 모양이 변한 한자입니다. 老(늙을 로)와 孝(효도 효)의 모양 구별에 유의합니다.

다지기

🧦 알맞은 뜻과 소리를 찾아 ◯ 하세요.

正	충성 / 곧을 / 바를	충 / 직 / 정
孝	효도 / 곧을 / 바를	정 / 직 / 효
忠	효도 / 충성 / 바를	정 / 효 / 충
直	충성 / 곧을 / 바를	직 / 정 / 충

빈 곳에 스티커를 붙여 그림을 완성하고 알맞게 연결하세요.

자원을 보고 빈 칸에 알맞게 쓰세요.

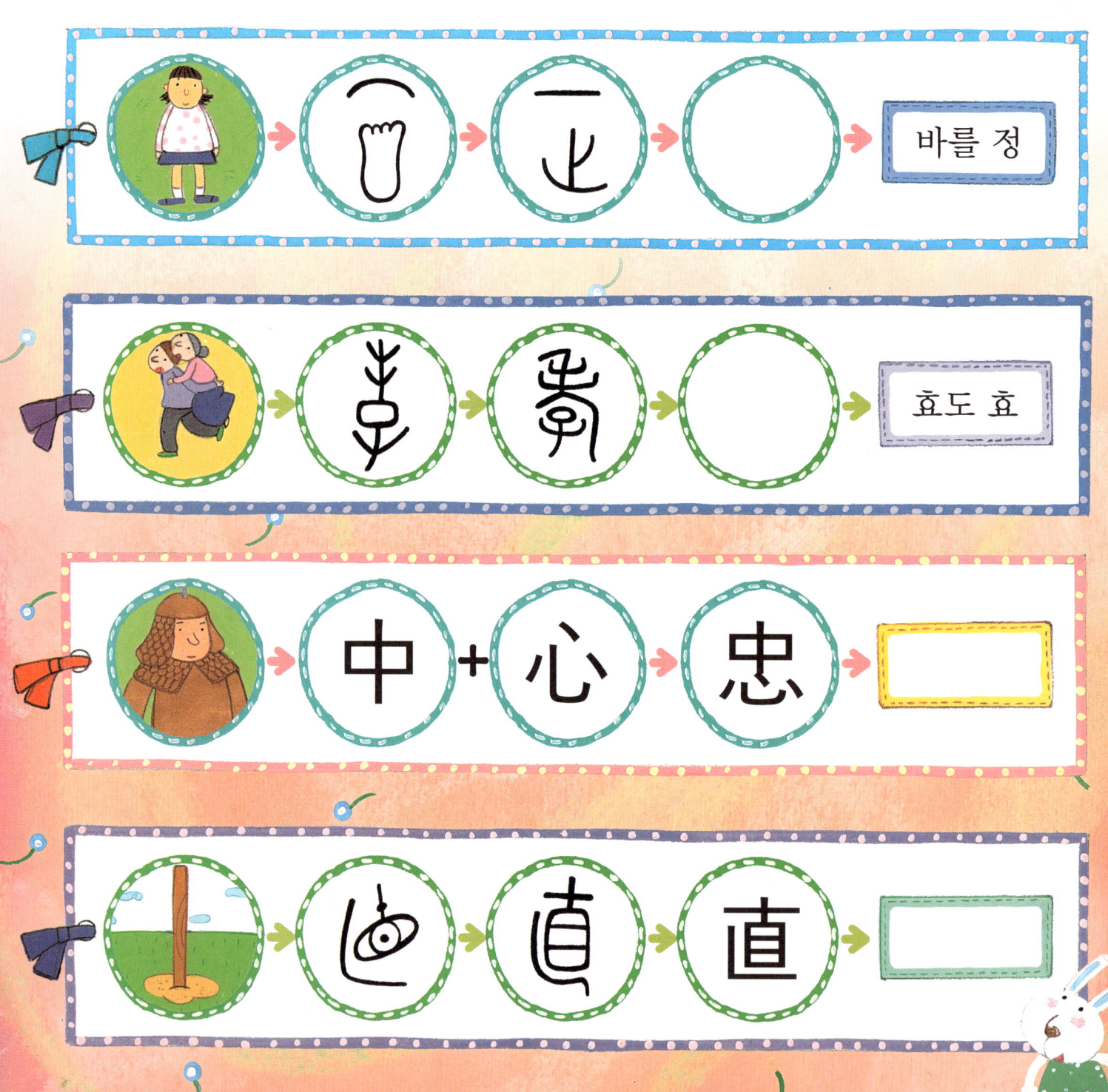

✏️ 〈보기〉에서 알맞은 한자어를 찾아 쓰세요.

忠孝 : 충성과 효도를 아울러 이르는 말

_____ : 효성스러운 며느리

水直 · 똑바로 드리운 모양.
· 수평에 대하여 직각을 이룬 상태

_____ : 잘못된 점을 바로잡음

_____ : 충성을 다하는 신하

_____ : 한 해의 첫째 달. 일월

〈보기〉   正月   孝婦   修正   忠臣   垂直   忠孝

동화를 읽고 〈보기〉에서 알맞은 한자를 찾아 쓰세요.

소나무와 대나무

숲 속에 소나무, 대나무 [竹] 가 함께 있었어요.

그런데 나무들은 항상 자신이 더 잘났다고 생각했어요. 소나무가 새파란 빛을 반짝이며 말했어요.

"나는 봄, 여름, 가을, 겨울 한결 같지. 그래서 충성 忠 스러운 사람을 말할 때 항상 나를 말하잖아."

대나무가 나직한 목소리로 점잖게 말했어요.

"허허, 나처럼 바르고 [正] 곧은 [直] 나무는 없지.

언제나 변치 않는 의리를 얘기할 땐 내가 빠지지 않지."

옆에 있던 참나무는 잠자코 듣고 있기만 했어요.

"참나무야, 왜 너는 자랑을 하지 않니?"

"응, 난 별로 자랑할 게 없는 것 같아." 이 때 나무꾼이 참나무에게 다가왔어요.

"참나무야, 미안하다! 늙으신 [老] 어머니께 밥을 지어드리려면 네가 필요하구나!"

나무꾼의 지게에 실린 참나무가 말했어요.

"애들아, 잘 있어! 이 나무꾼이 효도 [孝] 할 수 있게 도울 수 있어 자랑스러워."

소나무와 대나무는 얼굴이 빨개졌어요.

〈보기〉 竹 直 正 忠 孝 老

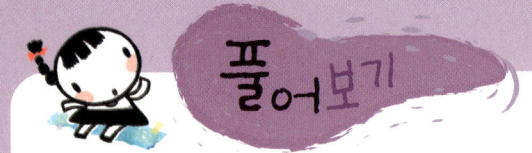

● 한자의 뜻과 소리를 쓰세요.

正 뜻: _____ 소리: _____

忠 뜻: _____ 소리: _____

直 뜻: _____ 소리: _____

孝 뜻: _____ 소리: _____

● 바르게 연결하세요.

 ·　　　· 正

 ·　　　· 孝

中 + 心 ·　　　· 直

 ·　　　· 忠

● 빈 칸에 알맞은 한자를 쓰세요.

　＊서로 수직인 두 직선이 이루는 각을 □(직) 각 □(각) 이라 한다.

　＊부모님께 □(효) 도 □(도) 를 다해야 합니다.

　＊그는 □(충) 성 □(성) 스런 군인입니다.

　＊이것이 □(정) 답 □(답) 입니다.

● 뜻·소리에 알맞은 한자를 쓰세요.

바를 정				
곧을 직				
충성 충				
효도 효				

한자의 서체 5

● 해서(楷書)

이렇게 발전하고 정리된 서체는 드디어 지금 우리가 쓰고 있는 모양을 갖추게 되었습니다.

오늘날 우리가 배우는 한자는 바로 이 해서체를 바탕으로 합니다.

해서는 하나의 점, 하나의 획을 정확히 독립시켜서 만든 서체로 한나라 말기에 글자의 획을 곧게 고쳐서 네모 형태로 만든 글자체입니다. 표본으로 삼을만 하다는 데서 본보기라는 뜻을 나타내는 楷(본보기 해)를 써서 해서라는 이름으로 불리웠습니다.

그 후 유명한 서예가 왕희지, 구양순, 안진경의 등장으로 해서는 예술적으로도 매우 중요한 의미를 갖게 되었습니다.

乾云之事丈乘予丞不乎世

이후에 흘려서 쓴 모양의 초서(草書)와 행서(行書)라는 글자체도 나오게 되었습니다.

乾云之事丈乘予丞不乎世

乾云之事丈乘予丞不乎世

해답

D2집 73a-84a

73a

73b

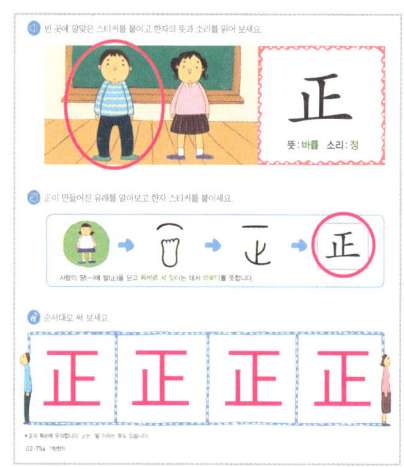
75a

75b

76a

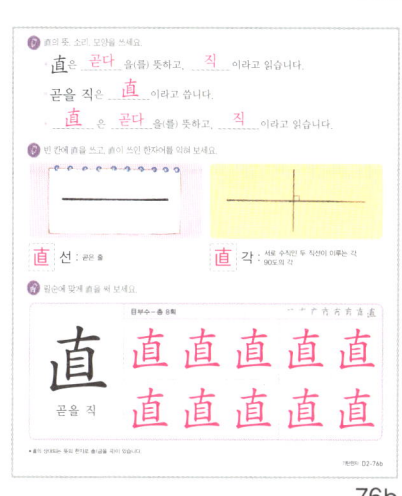
76b

77a

77b

78a

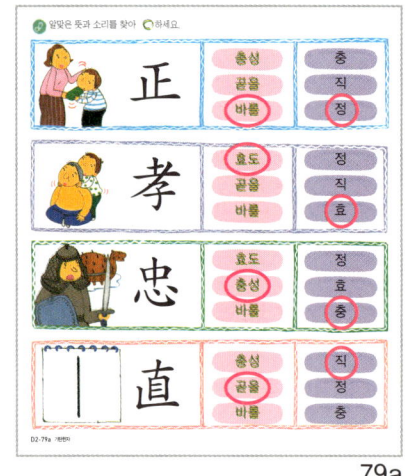

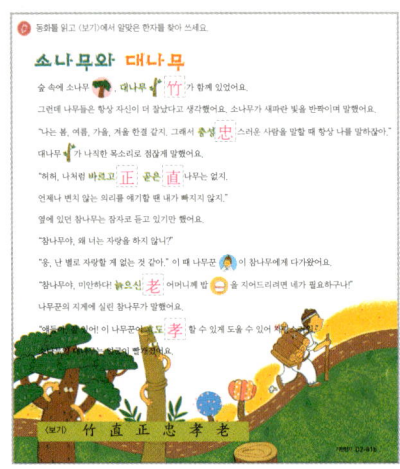

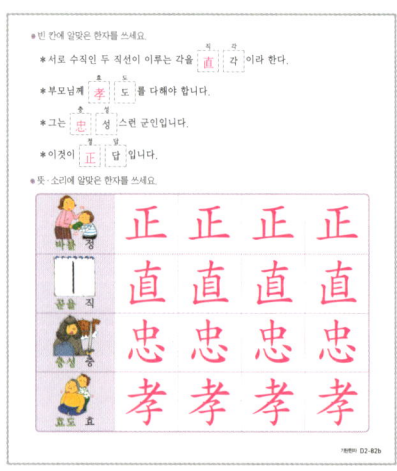

기탄한자 D2집 7호 한자 카드

正

直

忠

孝

直 곧을 직

正 바를 정

孝 효도 효

忠 충성 충

正直

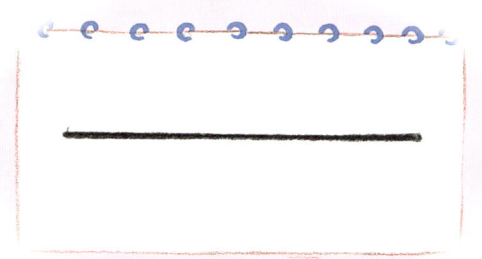

直線

忠言

孝道

직선
곧은 줄

直 : 곧을 직　線 : 줄 선

정직
거짓이나 꾸밈이 없이
마음이 바르고 곧음

正 : 바를 정　直 : 곧을 직

효도
어버이를 잘 섬김.
또는 그 도리

孝 : 효도 효　道 : 길 도

충언
충직한 말.
바르게 타이르는 말

忠 : 충성 충　言 : 말씀 언

기탄한자 D2집 73a~84a

74a
正 바를 정
直 곧을 직

74b
忠 충성 충
孝 효도 효

75a

76a

77a

78a

正　直　忠　孝

79b
 正
 孝

늙을 로
곧을 직

 재미로 읽기

 효도 효 孝

아버지의 눈을 뜨게 하려고 공양미 삼백 석에 팔려가다니 정말 지극한 孝심이야.

나도 심청이를 본받아 부모님께 孝도해야지!

어머니, 이제부터 집안 살림은 제가 할테니 들어가 쉬세요.
아, 아냐 괜찮은데?

호호호, 저 녀석 기특하기도 하지. 벌써 철이 들었나봐.

헤헤~죄송해요, 어머니. 설거지가 좀 서툴러서.
그, 그래~

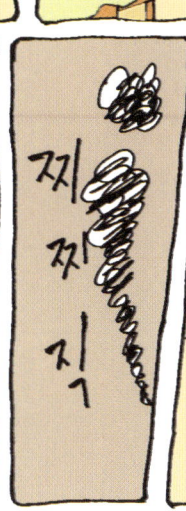

죄송해요, 어머니 제가 다림질은 처음이라.
괘, 괜찮아. 그, 그럴 수도 있지 뭐!

흐어엉, 어머니 용서하세요. 저한테 요리는 아직 무린가봐요~

대신에 빨래를!
아유 됐어! 됐다고! 안 도와 주는게 날 도와 주는 거라고~!

펴낸이 : 정지향
펴낸곳 : (주)기탄교육
기획·편집·디자인 : 기탄교육연구소
주소 : 06698 서울특별시 서초구 효령로 40 기탄출판센터
등록 : 제2000-000098호
전화 : (02)586-1007
팩스 : (02)586-2337

※서점에 갈 시간이 없거나 구하기 어려운 분은 인터넷 또는 전화로 신청하세요. 즉시 우송해 드립니다.
● www.gitan.co.kr

ⓒ (주)기탄교육 All rights reserved.
저작권자의 동의 없이 본 교재를 무단으로 복제하거나 전재하는 것을 금합니다.

받아쓰기

● 엄마가 뜻·소리를 부르고 아이가 한자를 써 보도록 합니다.

7호에서 배운 한자를 다시 한번 써 보세요.

正	正	正	正	正	正
바를 정					

直	直	直	直	直	直
곧을 직					

忠	忠	忠	忠	忠	忠
충성 충					

孝	孝	孝	孝	孝	孝
효도 효					

8호

기탄한자 D단계 2집 85a~96a

그림으로 익히고 놀이로 기억하는 입체 한자 학습 프로그램

기탄®한자

D2집
8호
85a-96a

공부한 날　월　일 ~ 　월　일
　　　　　(원)교　　　　반
이름　　　　　　전화

www.gitan.co.kr

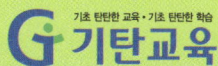

 **D단계**에서 배울 한자입니다.

	D단계							
1집	靑, 赤, 音, 色	2집	公, 平, 意, 思	3집	前, 後, 走, 止	4집	世, 界, 國, 家
	住, 所, 姓, 名		老, 弱, 貧, 富		法, 道, 完, 全		東, 西, 見, 聞
	利, 用, 有, 無		正, 直, 忠, 孝		善, 惡, 長, 短		南, 北, 兒, 童
	복습		복습		복습		복습

※ 매주마다 학습한 한자를 누적하여 읽어 보세요.

학습 진단 관리표

	훈음 읽기	훈음 쓰기	한자 쓰기	한자어 읽기	이번 주는?
금주평가	Ⓐ 아주 잘함	Ⓐ 아주 잘함	Ⓐ 아주 잘함	Ⓐ 아주 잘함	● 학습방법 ❶ 매일매일 ❷ 가끔 ❸ 한꺼번에 하였습니다.
	Ⓑ 잘함	Ⓑ 잘함	Ⓑ 잘함	Ⓑ 잘함	● 학습태도 ❶ 스스로 잘 ❷ 시켜서 억지로 하였습니다.
	Ⓒ 보통	Ⓒ 보통	Ⓒ 보통	Ⓒ 보통	● 학습흥미 ❶ 재미있게 ❷ 싫증내며 하였습니다.
	Ⓓ 노력해야 함	Ⓓ 노력해야 함	Ⓓ 노력해야 함	Ⓓ 노력해야 함	● 교재내용 ❶ 적합하다고 ❷ 어렵다고 ❸ 쉽다고 하였습니다.

지도 교사가 부모님께   부모님이 지도 교사께

| 종합평가 | Ⓐ 아주 잘함 | Ⓑ 잘함 | Ⓒ 보통 | Ⓓ 노력해야 함 |

이번 주에는 **D5, D6, D7호**에서 배운 한자를 복습해요.

 85a~86b
- D2집에서 배운 12자의 뜻, 소리를 읽어 봅니다.
- 意, 思는 心이 쓰여 마음이나 생각과 관련있는 한자가 되었습니다.
- 한자 병풍 놀이로 아이와 함께 놀아 줍니다.

 87a~88a
- 老는 부수로 쓰이면 耂로 자형이 변합니다.
- 貧은 '조개(貝) 하나를 나누니(分) 더욱 가난하다는 뜻이다' 라고 풀어서 설명하면 쉽게 이해합니다.

 88b~89b
- D7호에서 익힌 正, 直, 忠, 孝의 뜻, 소리, 한자어, 자원을 복습합니다.
- 89b에서 正직, 直각, 忠언, 孝녀는 正直, 直角, 忠言, 孝女로 표기해 봅니다.

 90a~92b
- D2집에서 배운 12자를 여러 가지 방법을 활용해서 기억하도록 합니다.
- 지금까지 배운 한자를 활용하여 동화, 신문, 교과서 등에 쓰인 문장을 한자어로 표기해 보면 효과적입니다.

 93a~96a
- D2집에서 익힌 12자를 쓰기 연습으로 정리합니다.
- 형성평가를 절취선을 따라 잘라서 부모님이 시간을 재어 주시면 좀 더 정확한 실력 점검을 할 수 있습니다.

🔊 한자의 뜻과 소리를 말해 보세요.

公	 平	 意	 思
 老	 弱	 貧	 富
 正	 直	 忠	 孝

• D2집 5호, 6호, 7호에서 배운 한자의 뜻과 소리를 복습합니다. 모르는 한자를 위주로 지도합니다.

한 번 더! 公 平 意 思

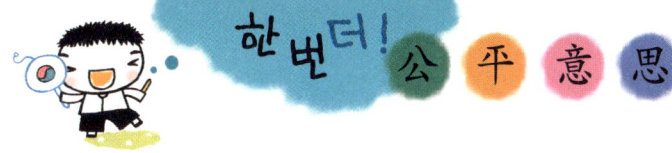

어떤 한자를 배웠나요? 같은 모양의 한자 스티커를 붙이고 뜻과 소리를 쓰세요.

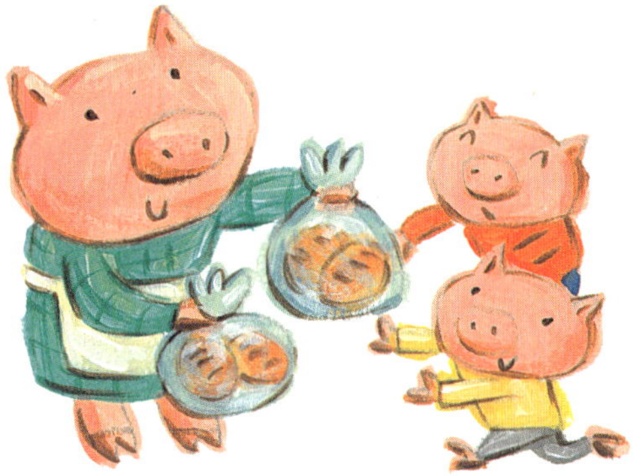

公

뜻 : 공평할 소리 : 공

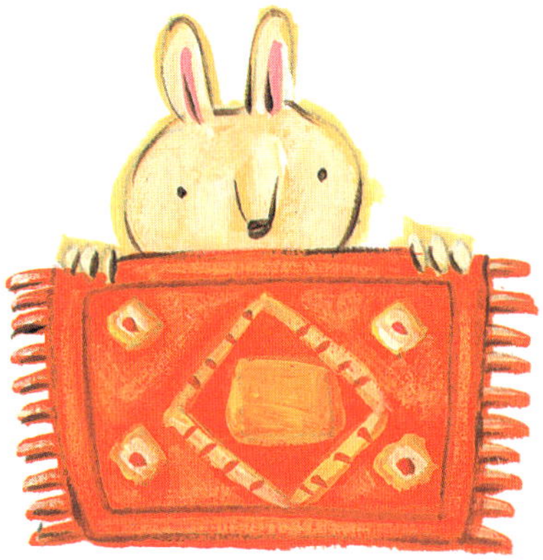

平

뜻 : 소리 :

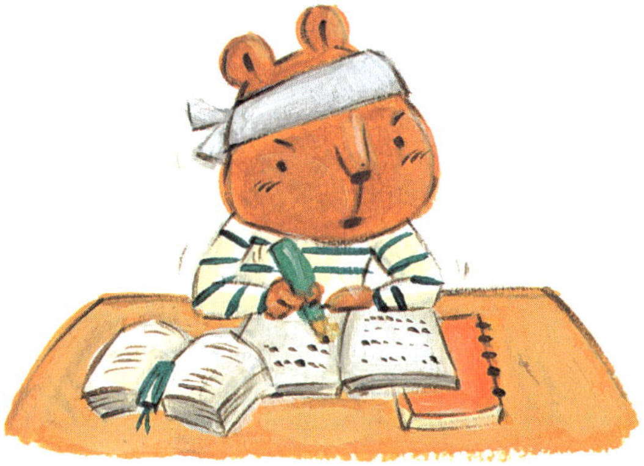

意

뜻 : 소리 :

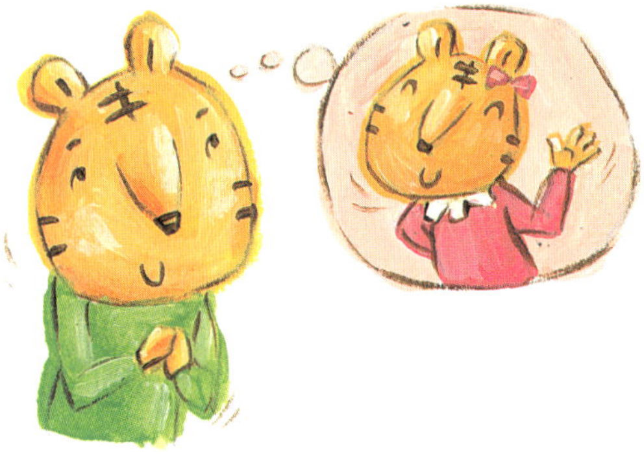

思

뜻 : 소리 :

• D2집 5호에서 배운 한자를 복습합니다. 10세 이상의 학습자는 스티커를 붙이지 않고 따라쓰고 난 후 뜻·소리를 써도 무방합니다.

어떤 한자일까요? 빈 칸에 알맞은 한자를 쓰세요.

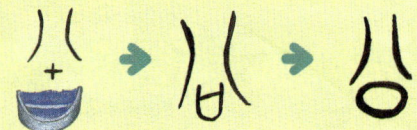

'공평하다'를 뜻합니다.   '공' 이라고 읽습니다.

'평평하다'를 뜻합니다.   '평' 이라고 읽습니다.

'뜻'을 뜻합니다.   '의' 라고 읽습니다.

意

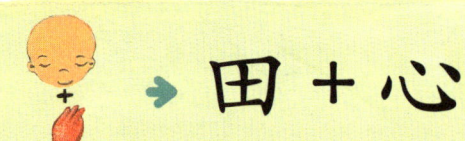

'생각'을 뜻합니다.   '사' 라고 읽습니다.

• 한자의 모양이 떠오르지 않을 경우 한자 카드에서 찾아 쓰도록 합니다.

✏️ 빈 칸에 알맞은 한자를 쓰세요.

공 무 원
그 [公] 무 원 은 매우 친절합니다.

평 화
[平] 화 로운 시간이 계속되었다.

의 견
민우는 항상 자신의 [意] 견 을 잘 표현한다.

사 상
논어라는 책에는 공자의 백성을 사랑하는 [思] 상 이 잘 나타나 있다.

● 자신, 책, 백성은 모두 앞서 학습한 한자이므로 自身, 冊, 百姓으로 표기해 봅니다.

어떤 한자를 배웠나요? 같은 모양의 한자 스티커를 붙이고 뜻과 소리를 쓰세요.

老 뜻: 소리:

弱 뜻: 소리:

貧 뜻: 소리:

富 뜻: 소리:

• D2집 6호에서 배운 한자를 복습합니다.

어떤 한자일까요? 빈 칸에 알맞은 한자를 쓰세요.

빈 칸에 알맞은 한자를 쓰세요.

지하철의 　노　│ 老 │　자　 석은 노인이나 어린이, 임산부를 위한 좌석이다.

요즘은 젊은 사람 못지 않게 열심히 일하는 │ 老 │　인　 이 많다.

편식을 하면 │ 貧 │　혈　 에 걸리기 십상이다.

동화 속 주인공들은 항상 │ 富 │　귀　 영화를 누리는 결말을 맺는다.

富　弱　貧　老

● 노인, 빈혈은 모두 앞서 학습한 한자이므로 老人, 貧血로 표기해 봅니다.

 正 直 忠 孝

📝 어떤 한자를 배웠나요? 같은 모양의 한자 스티커를 붙이고 뜻과 소리를 쓰세요.

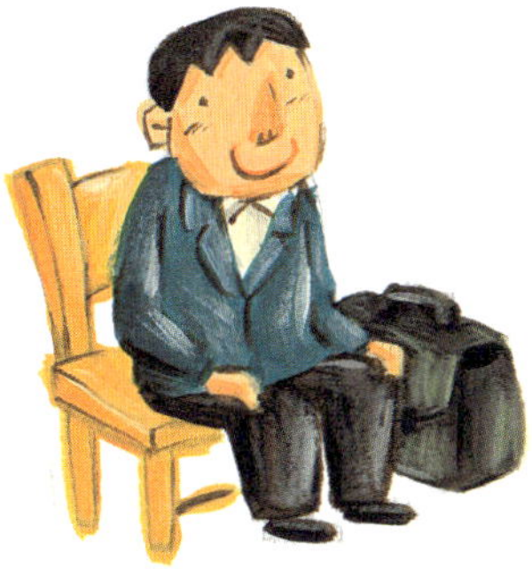

正	뜻: 소리:

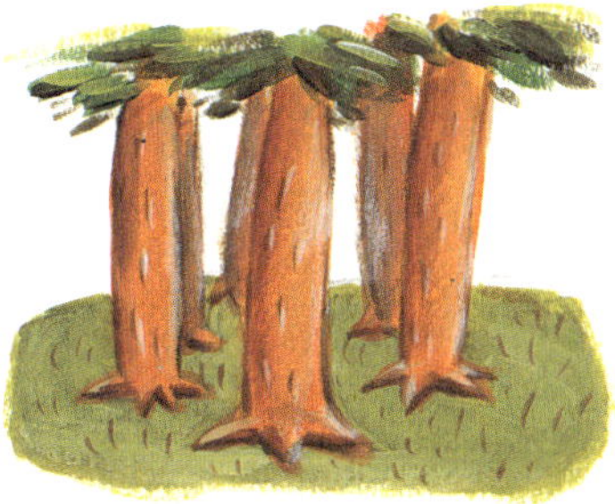

直	뜻: 소리:

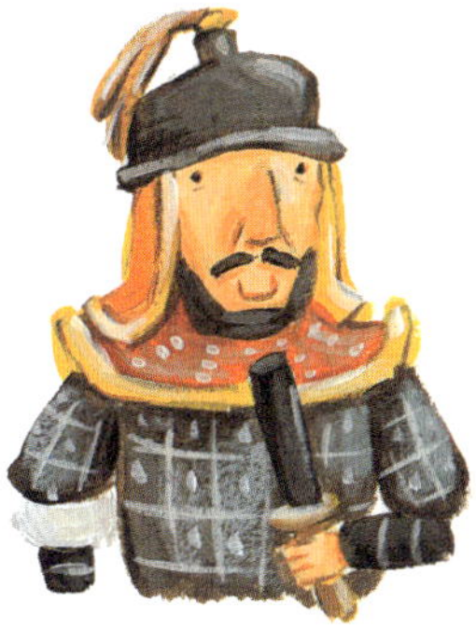

忠	뜻: 소리:

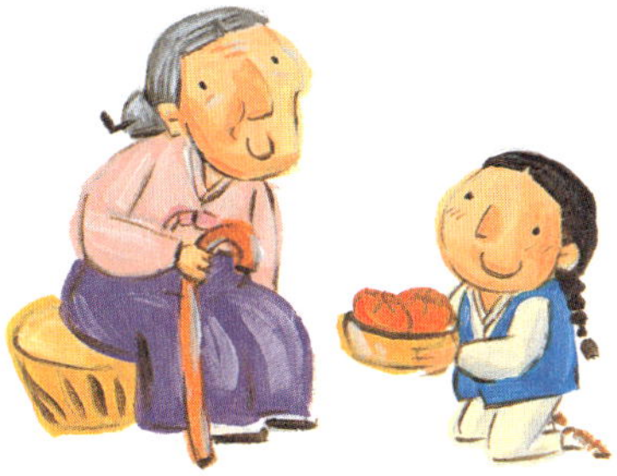

孝	뜻: 소리:

• D2집 7호에서 배운 한자를 복습합니다.

어떤 한자일까요? 빈 칸에 알맞은 한자를 쓰세요.

• 자원을 보고 한자의 모양을 기억하지 못하면 한자 카드를 보고 쓰도록 합니다.

빈 칸에 알맞은 한자를 쓰세요.

심청은 [孝]효 [女]녀 의 대표적 인물이다.

[直]직 [角]각 은 90도이다.

몸에 좋은 약은 입에 쓰고, [忠]충 [言]언 은 귀에 거슬린다.

[正]정 [直]직 한 나무꾼은 금도끼, 은도끼를 모두 다 얻었습니다.

正 直 忠 孝

• 정직, 직각, 충언, 효녀는 모두 앞서 학습한 한자이므로 正直, 直角, 忠言, 孝女로 표기해 봅니다.

📝 동화를 읽고 빈 칸에 알맞은 한자를 쓰세요.

세 아들

세 여인이 우물가에서 물을 길어 오고 있었어요.

"아이고, 힘들어라. 이 무거운 물동이는 왜 **약한** 弱 여자가 날라야 하는지, **공평** ☐☐ 하게 남자도 물을 길으면 좋을텐데……."

세 여인이 말했어요.

그 때, 그 앞을 어떤 아이가 노래를 부르며 지나갔어요.

"어때요? 제 **아들** ☐ 이에요. 제 아들은 노래를 아주 잘 한답니다."

한 여인이 어깨를 으쓱이며 말했고, 두 여인은 고개를 끄떡였어요.

그 때 또 한 아이가 재주를 넘으며 지나갔어요.

"보셨어요? 제 아들이에요. 제 아들은 **재주** ☐ 를 아주 잘 넘는답니다."

한 여인이 손으로 공중제비하는 모습을 해 보이며 말했어요.

公
平
意
思
老
弱

그 때 한 아이가 나머지 한 여인의 물동이를 수줍게 받아갔어요.

두 **여인** ☐☐ 이 물었어요.

"당신 아들은 무얼 잘하나요?"

한 여인이 머리를 긁적이며 말했어요.

"제 아들은 잘하는 게 별로 없네요. 그냥 **정직** ☐☐ 할 뿐이랍니다."

이 모습을 나무 그늘에서 지켜보던 **늙은** ☐ 할아버지가 말했어요.

"제대로 된 아들은 물동이를 지고 간 아들 한 명뿐인 걸."

하고 자신의 **의사** ☐☐ 를 밝혔어요.

두 여인은 얼굴이 빨개져 물동이를 이고 말없이 사라졌어요.

子
才
正
直
人
女

다지기

퍼즐이 완성 되도록 그림을 찾아 연결하고 빈 칸에 알맞게 쓰세요.

| 公 | 老 | 意 | 思 | 弱 | 平 |

| 평평할 | 약할 | | 뜻 | 늙을 | 공평할 |

| 공 | | 의 | | 약 | 평 |

• 퍼즐 색깔로 답을 구분하지 않고 모양과 뜻·소리를 찾아 학습하도록 합니다.

| 貧 | 孝 | 忠 | 富 | 正 | 直 |

| 충성 | 부유할 | | 곧을 | 가난할 | 효도 |

| 충 | 효 | 빈 | | 정 | 직 |

빈 곳에 스티커를 붙이고 알맞은 뜻과 소리를 쓰세요.

마무리하기

빈 칸에 뜻과 소리를 쓰고 필순에 맞게 한자를 쓰세요.

公 공평할 공	公			
ノ 八 公 公				

平	平			
一 ㄧ ㄏ ㄓ 平				

意	意			
丶 亠 立 产 音 音 音 音 意 意				

思	思			
丨 冂 日 田 田 甲 思 思 思				

빈 칸에 뜻과 소리를 쓰고 필순에 맞게 한자를 쓰세요.

老				
— 十 土 耂 耂 老 老				

弱				
丶 ㄱ 弓 弓 号 号 号 弱 弱 弱				

貧				
丿 八 分 分 尒 夵 夳 盆 貧 貧				

富				
丶 冖 宀 宀 宀 宁 宫 宫 宫 富 富				

빈 칸에 뜻과 소리를 쓰고 필순에 맞게 한자를 쓰세요.

正	正			
	一 丁 下 正 正			
 直	直			
	一 十 十 古 古 肯 肯 直			
 忠	忠			
	丶 口 口 中 中 忠 忠 忠			
 孝	孝			
	一 十 土 耂 耂 孝 孝			

얼마나 알고 있나요?

평가일	년 월 일
소 요 시 간	시 분 ~ 시 분
평가결과	28~36문항 — 아주 잘 했어요. D3집 9호를 학습하세요. 19~27문항 — 틀린 한자를 다시 익혀요. 18문항 이하 — D2집을 복습해요.

● 한자의 뜻과 소리를 쓰세요.

1. 意　　뜻:　　소리:
2. 思　　뜻:　　소리:
3. 公　　뜻:　　소리:
4. 平　　뜻:　　소리:

5. 貧　　뜻:　　소리:
6. 富　　뜻:　　소리:
7. 老　　뜻:　　소리:
8. 弱　　뜻:　　소리:

9. 忠　　뜻:　　소리:
10. 孝　　뜻:　　소리:
11. 正　　뜻:　　소리:
12. 直　　뜻:　　소리:

● 선을 따라 잘라서 풀어 보세요.

● 빈 칸에 알맞은 한자를 쓰세요.

13. 늙을 로
14. 약할 약
15. 가난할 빈
16. 부유할 부
17. 공평할 공
18. 평평할 평
19. 뜻 의
20. 생각 사
21. 바를 정
22. 곧을 직
23. 충성 충
24. 효도 효

正　孝　意　公　老　弱　思　富　平　直　忠　貧

● 빈 칸에 알맞은 한자를 쓰세요.

25.  공 공 / 공

26. 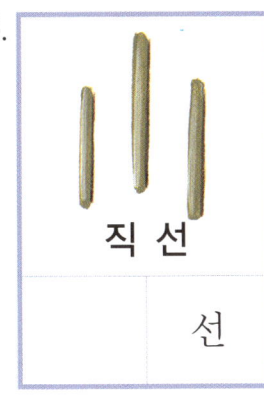 직 선 / 선

27.  의 견 / 견

28.  빈 혈 / 혈

29.  노 인 / 인

30.  노 약 / 노

31.  사 상 / 상

32.  부 자 / 자

33.  충 성 / 성

34.  평 화 / 화

35.  정 답 / 답

36.  효 녀 / 녀

思 孝 意 公 富 忠 正 老 平 直 弱 貧

해답

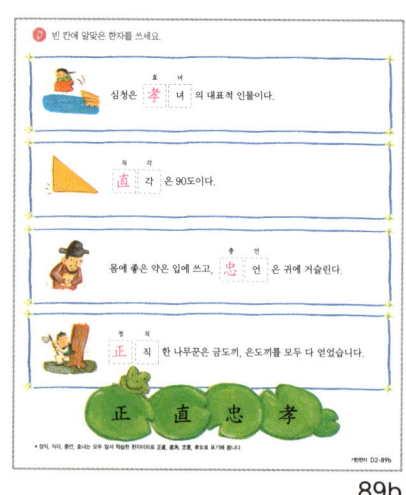

운동할 운   명랑할 명   높을 고   생각 사   목숨 로   우러를 앙

효도 효   충성 충   곧을 직   바를 정   부유할 부   가난할 빈

기탄한자 D2집 부교재 한자 병풍 놀이 ●D2집 8호 간지에 실린 한자 병풍 놀이 방법을 활용해서 아이와 함께 놀아 주세요.

貧 富 正 直 忠 孝

85b

公　　意　　平　　思

87a

老　　弱　　貧　　富

88b

直　　正　　孝　　忠

92a

92b

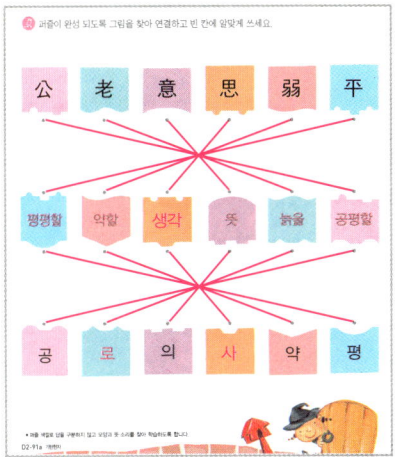
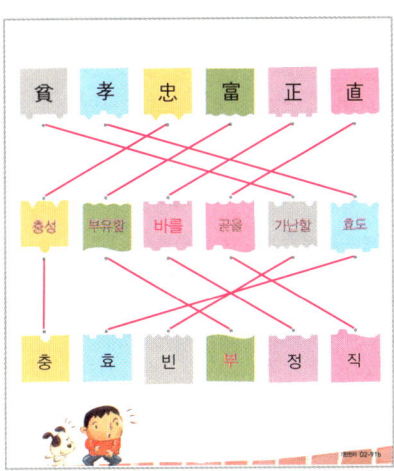

펴낸이 : 정지향
펴낸곳 : (주)기탄교육
기획·편집·디자인 : 기탄교육연구소
주소 : 06698 서울특별시 서초구 효령로 40 기탄출판센터
등록 : 제2000-000098호
전화 : (02)586-1007
팩스 : (02)586-2337

※서점에 갈 시간이 없거나 구하기 어려운 분은 인터넷 또는 전화로 신청하세요. 즉시 우송해 드립니다.
● www.gitan.co.kr

ⓒ (주)기탄교육 All rights reserved.
저작권자의 동의 없이 본 교재를 무단으로 복제하거나 전재하는 것을 금합니다.

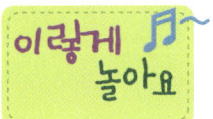

한자 병풍 놀이

한자 병풍 놀이는 D2집에서 배운 12자의 한자를 접었다 펼쳤다 하는 활동을 가미한 놀잇감입니다.
아이들이 좋아하는 동요의 리듬에 맞춰 앞서 배운 한자의 뜻·소리를 외우는 놀이입니다.

● 노래하기

1 8호의 부교재를 뜯어 두 개의 한자 병풍을 만들어요.

2 한자가 쓰여진 면을 접었다가 펴면서 뜻·소리를 동요 리듬에 맞추어 노래해요.

3 공평할 공, 평평할 평, 뜻 의, 생각 사, 늙을 로, 약할 약, 가난할 빈, 부유할 부, 바를 정, 곧을 직, 충성 충, 효도 효

예 : 송아지 리듬에 맞춰 노래 불러요.

• 제시된 놀이 방법 이외에도 재미있는 방법으로 익히도록 합니다.

기획·편집·디자인 기탄교육연구소
주소 06698 서울특별시 서초구 효령로 40 기탄출판센터 | **전화** (02) 586-1007 | **팩스** (02) 586-2337
ⓒ (주)기탄교육 All rights reserved. 본 교재의 저작에 관한 모든 권리는 (주)기탄교육에 있습니다. 저작권자의 동의 없이 본 교재를 무단으로 복제하거나 전재하는 것을 금합니다.